GottesdienstPraxis
Serie B

Arbeitshilfen für die Gestaltung von Gottesdiensten
zu Kasualien, Feiertagen, besonderen Anlässen
und Arbeitsbücher für die Gemeindepraxis

Herausgegeben von Erhard Domay

Gütersloher Verlagshaus

Mit Konfirmandinnen und Konfirmanden Gottesdienst feiern

Gottesdienste, Predigten, Aktionen, Szenen, liturgische Stücke und Anregungen

Herausgegeben von Erhard Domay
in Zusammenarbeit mit Rainer Starck

Gütersloher Verlagshaus

Bibliografische Information Der Deutschen Bibliothek
Die Deutsche Bibliothek verzeichnet diese Publikation in der Deutschen Nationalbibliografie; detaillierte bibliografische Daten sind im Internet über http://dnb.ddb.de abrufbar.

ISBN 3-579-03126-0

Satz: Buch-Werkstatt GmbH, Bad Aibling
Umschlagentwurf: Finken & Bumiller, Stuttgart, unter Verwendung eines Fotos von Peter Wirtz, Dormagen.
Druck und Bindung: Těšínska Tiskárna AG Česky Tešín
Printed in Czech Republic

www.gtvh.de

Inhalt

Zur Einstimmung
Vogelfrei
Kirsten Kötter ... 9

Gottesdienste

Gute Zeiten – schlechte Zeiten
Einführung der neuen Konfirmandinnen und Konfirmanden
Bernd Giehl ... 16

»Es kommt ein Schiff, geladen«
Adventsgottesdienst im Boot
Arno Schmitt ... 25

Schlüsselworte des Glaubens
Konfirmandinnen und Konfirmanden gestalten einen Altar zum zweiten Glaubensartikel
Heinz Behrends ... 32

Gerechtigkeit in unserer einen Welt
Abendgottesdienst mit Anspiel
Friederike Reif ... 41

Du sollst nicht töten!
Vorstellungsgottesdienst
Micaela Strunk-Rohrbeck ... 47

Schlüssel-Erlebnis Taufe
Taufgottesdienst mit der Konfi-Gruppe
Monika Paetzholdt ... 59

Segen auf der Lebensreise
Abschlussgottesdienst mit Taufe
Udo Jesberger, Beate Özer 71

»Mehr als Worte sagt ein Lied« – Musik ist unser Leben
Konfirmandinnen und Konfirmanden gestalten ihren Konfirmationsgottesdienst
Rolf Heinrich 80

Predigten und Ansprachen

Wie eine Gruppe funktioniert
Ansprache im Gottesdienst zu Beginn der Konfirmandenzeit (1 Kor 12,12-26)
Markus Beile 96

Was ist die Seele?
Predigt über Mt 16,26 im Gottesdienst zu Beginn der Konfirmandenzeit
Götz Brakel 99

Gar kein alter Hut
Predigt mit Rap über Apg 8,26-39
Christian Schwarz 105

Damit ihr anderen zum Segen werden könnt
Ansprache zur Taufe von sechs Konfirmandinnen und Konfirmanden
Doris Gräb 108

Das wichtigste Gottesbild
Ansprache zum Abendmahl
Doris Gräb 111

Aktionen und Szenen

Vom Wasser des Lebens und den Kindern des Lichts
Eine kleine Taufrevue aus Spiel, Text, Bildern und Musik
Arno Schmitt 118

Ohne drüber nachzudenken?
Anspiel zum Glaubensbekenntnis
Stefan Claaß, Jan Rehorn 125

Vom Vergnügen an der Tradition
Anspiel zu Psalm 92,13-16
Stefan Claaß 126

Wer war Jesus? Die Bergpredigt
Zwei Szenen für den Gottesdienst
Uwe Rieske 129

Was spricht eigentlich noch dagegen, dass ich getauft werde?
Anspiel zu Apg 8,26-39
Christian Schwarz 133

Urteilt nicht voreilig
Verkündigungsspiel mit Kurzpredigt zu 1 Kor 4,1-5
Markus Beile 135

Gesucht: Superkonfi
Aktion im Vorstellungsgottesdienst
Frank Menke 141

Liturgische Stücke und Anregungen

Psalmen
Arno Schmitt, Stefan Claaß 148

Eingangsgebete
Doris Gräb, Udo Jesberger, Arno Schmitt 150

Bekenntnis
Doris Gräb 153

Zur Taufe
Arno Schmitt 154

Zum Abendmahl
Rainer Starck 155

Aktion »Fürbitt-Kerzen«
Udo Jesberger und Konfi-Gruppe 158

Die Autorinnen und Autoren 160

Zur Einstimmung

Vogelfrei

Kirsten Kötter

Die Hochhäuserfassaden sind kariert wie Küchenhandtücher. Die Küche ist schmal. Sie ist hell, denn sie liegt im 23. Stock des blau-hellblau-zitronengelbgemusterten Hochhauses. Von der Küche kommt man ins Esszimmer. Vom Esszimmer aus sieht man Glas: lauter Fenster. Die Wand, die Esszimmer und Wohnzimmer trennt, ist aus Glas. Die Balkontür ist aus Glas. Der Balkon ist aus Beton: der Boden, die Betongeländerwand. Wenn man sich über das Geländer hängt, kann man sich vorstellen, hinunterzusegeln, zu fliegen. Wie der Wellensittich, der durch diese helle Wohnung fliegt. Hinter den Fenstern sieht man meistens nur ein diffuses, helles Grau – den Himmel. Das Hochhaus steht auf einem Berg, unter ihm breitet sich das Tal aus. Kein Baum wächst so hoch. Zu den anderen drei Hochhäusern, die alle in einer Reihe den Berg hinauf stehen, gehen zufällig keine Fenster. An den Aufprall muss man nicht denken.

Anja lag in ihrem Zimmer – nicht sehr groß, schmal, der typische Kinderzimmerschnitt – und träumte mit den Kopfhörern auf den Ohren. Sie tat nichts. Sie träumte. Das Fensterviereck war von einem hellen, feinen, leuchtenden Hellgrau. Der Wellensittich trillerte. Am Morgen musste Anja handeln. Für sie kamen in ihrem Kleiderschrank nur zwei Hosen in Frage. Aber schon zwei waren eine zu viel. Welche sollte sie anziehen? Die hellere und schönere oder die dunklere alltägliche? Würde der Tag schön werden oder alltäglich? Es war für Anja extrem wichtig, die richtige Entscheidung zu treffen, warum hätte sie nicht sagen können. Es war das Einzige, was den Tag über in ihrer Macht stand. In den Pausen versteckte sie sich manchmal in der Toilette, damit niemand sah, dass sie völlig allein auf dem Schulhof herumstand. Alle kannten sich und standen in Gruppen zusammen, und sie kannte niemanden, sie war neu, und niemand kannte sie. Sie wollte sich nicht aufdrängen. Nach drei Monaten Hochhaus in der fremden Stadt war es nicht nur die richtige Hose, die Anja wählen musste, sondern auch der Teelöffel, mit dem sie morgens

den Zucker in der Teetasse umrührte – sollte sie den gelben Plastiklöffel nehmen oder den silbernen antiken?
Anjas Mutter Marion machte gerade eine depressive Phase durch, ohne darüber zu sprechen. Sie hatte sich Arbeitstherapie verordnet, acht Stunden Job jeden Werktag. Das bedeutete, dass sich Anja selber das Essen warm machen musste, aber es gab ja ziemlich viele Fertigessen. Anja war ja schon recht erwachsen, fast schon selbst eine Frau. Anja hatte das Leben noch vor sich. Wenn Marion auch nur einmal nachgegeben hätte, läge Marion wochenlang bei runtergezogenen Rollläden Tag und Nacht im Bett und fände nicht mehr den Mut, wieder aufzustehen. Marion wollte nicht, dass jemand davon erfuhr. Wegen Volker, ihrem Mann, waren sie in diese abgelegene Kleinstadt gezogen, wo sie niemanden kannte. Volker machte ständig Überstunden, um die viele Arbeit auf der neuen Stelle in den Griff zu kriegen. Marion spürte keine Liebe mehr von ihm und zu ihm, aber sie hatte nicht die Kraft, sich zu trennen. Sie dachte, sie sei unfähig, einen anderen Mann kennen zu lernen oder alleine zu leben. Abends lag sie mit Migräne da. Man sagte der Stadt nach, dass ihr Klima Migräne begünstige.
Wenn Anja von der Schule mit dem Fahrrad zum Hochhaus auf dem Berg fuhr, musste sie eine Viertelstunde neben einer Autostraße radeln. Ein Fahrrad- und ein Fußgängerweg krümmten sich gemeinschaftlich die Straße entlang. Beide Hälften waren immer menschenleer. Eine ideale Situation, um freihändig fahren zu üben. Anja trat kräftig in die Pedale – je fester sie trat, desto besser fuhr das Rad –, die Hände in den Taschen, die Augen auf den Berg mit den vier in einer Reihe stehenden karierten Hochhäusern gerichtet. Wenn es regnete, fuhr Anja mit dem Bus. An einem ganz normalen Tag saß Anja auf dem vordersten Sitz und überblickte den weißgestrichelten Asphalt der Landstraße. In einer Kurve, die der Bus schwankend nahm, durchzuckte sie aus dem Nichts der Satz: »Ich bin etwas Besonderes. In mir fühle ich Gott.« Sie fühlte eine warme Stelle in ihrer Brust, als brenne da eine Kerze. Sie hätte auf diese Stelle deuten können. Es war ein sehr angenehmes Gefühl. Sie fühlte sich plötzlich nicht mehr allein. Doch sie schüttelte innerlich hilflos den Kopf: War sie auserwählt für was auch immer? Wurde sie verrückt? Sie konnte dieses fremde Erlebnis nicht einordnen. Sie betete nie, ihre Eltern glaubten nicht an Gott und gingen nur Weihnachten in die Kirche. In dieser Nacht träumte sie von zwei Wellensittichen, die in ei-

nem Käfig saßen und sangen. Am nächsten Morgen bemerkte sie den Aushang an der Bushaltestelle: Die Anmeldefrist für den Konfirmationsunterricht würde in einer Woche ablaufen. Anja entschied, dass sie sich konfirmieren lassen wolle, obwohl sie dafür eigentlich noch etwas zu jung war, und organisierte alles Nötige. Ihre Eltern legten ihr keine Steine in den Weg. Sie waren schon immer froh und erleichtert über Anjas Selbstständigkeit.

In der Gruppe waren 32 Konfirmandinnen und Konfirmanden. Anja fiel ein Junge auf, Thomas, weil er älter wirkte als die anderen. Er hatte breite Schultern. Thomas redete nur mit seinem unscheinbaren Freund. Da war auch Philippe aus Frankreich, der hübsch aussah und viel charmanter war als andere Jungs, aber auch ziemlich albern. Auch die anderen Mädels kicherten ziemlich viel, wenn er in der Nähe war, taten aber offiziell so, als machten sie sich nur über ihn lustig, weil er so doof sei. Der Konfirmandenunterricht war ähnlich wie Gemeinschaftskunde in der Schule. Sie sollten sich ein Thema aussuchen. Anja wählte sich »Drogen« und hatte deshalb mit sieben anderen immer montags Unterricht. Es war eine angenehme Überraschung, dass sowohl Philippe als auch Thomas sich ebenfalls für »Drogen« entschieden hatten.

In den Ferien färbte sich Anja die Haare schwarz und ließ sie sich kürzer schneiden. Das inspirierte sie zu einem neuen Kleidungsstil. Innerhalb von zwei Wochen veränderte sie sich derart, dass eine alte Freundin aus der alten Stadt sie nicht mehr wiedererkannte. In der Schule kamen einige zu ihr und sagten, wie gut das aussehe und wo sie in den Ferien gewesen sei. Im Konfirmationsunterricht schaute sie Thomas lange an, und Philippe alberte besonders lange in ihrer Nähe. Philippe bekam Besuch aus Frankreich und feierte eine Woche lang jeden Abend ein Fest. Er lud alle aus der Konfirmandengruppe »Drogen« ein. Sein Freund Dominique sah noch besser aus als Philippe. Die beiden kannten viele Spiele, die man in Frankreich feierte, zum Beispiel: Alle halten sich an den Händen im Kreis und einer oder eine steht mit einer Zeitung in der Mitte. Wenn es ein Mädchen ist, sucht sie einen Jungen und umgekehrt. Beide knien auf der Zeitung und geben sich Küsschen. Vor allem entdeckte Anja das Tanzen. Sie mochte es besonders, eng umschlungen mit Philippe und Dominique zu tanzen. Nur einmal tanzte sie so mit Thomas, was aufregend war, denn sie spürte seine Muskeln durch den Pullover. Thomas tanzte in dieser ganzen Woche nur zweimal. Anja fühlte sich deshalb geschmeichelt, aber vor allem erleichtert, denn sie war sich zuvor sicher gewesen, ihr hafte ein unsichtbares angeborenes Stigma an. Anja war kaum noch zu Hause. In der Schule hatte sie sich überraschend mit ihrer Sitznachbarin Ines befreundet: Sie lachten zufällig in einer Pause über denselben Witz, konnten während der nächsten Schulstunde nicht aufhören und flogen aus der Klasse. Vorher waren sie zu stolz gewesen, sich zu befreunden. Sie saßen ja nur zufällig nebeneinander und das auch noch an dem Tisch, wo alle hinkamen, die in der Klasse nicht so beliebt waren. Jetzt entdeckten Anja und Ines plötzlich, wie gut sie miteinander reden konnten, wie toll sie sich fanden. Das war so schön, dass Anja nur noch strahlend herumlief.

Anja kam am Abend nach Hause, und die Wohnung war leer. Marion, ihre Mutter, war nicht da. Der Wellensittich war nicht da. Anja stand im Esszimmer, um sie das viele Glas mit der schwarzen Nacht dahinter. Anja hatte ein ungutes Gefühl. Sie stand lange bewegungslos. Wie von einem unsichtbaren Faden gezogen, ging sie zur Balkontür und drückte sie auf. Der Riegel, den man nur von innen schließen konnte, war offen. Anja ging auf den Balkon und sah über das Geländer: nur Dunkelheit. Ihr ungutes Gefühl blieb. Sie ging zurück ins Esszimmer, verriegelte die Balkontür, verließ die Wohnung. Sie fuhr mit dem Aufzug nach unten. Sie lief über den Rasen zu der Stelle, die sie sich ausgerechnet hatte. Sie sah einen kleinen unförmigen Hügel. Sie erkannte ihre Mutter am Pullover aus fünf Schritten Abstand, überall dunkle Flecken, und hockte sich hin. Sie sah nur undeutlich in der Nacht, aber sie spürte, dass sich der Körper ihrer Mutter verändert hatte. Da war der Tod. Sie hatte gefürchtet, dass so etwas passieren würde. Seit dem Umzug in die Stadt hatte sie die Zeichen gespürt. Sie hatte sich nie gut in der Wohnung gefühlt: Zu weit, weit weg vom Boden, nichts zu sehen hinter den Fenstern, wenn man auf dem Bett lag oder am Tisch saß, nur lichtes Grau, das Gefühl zu schweben, zu fliegen durch den Raum, ohne Sinn für Realität, waren die Fenster geschlossen, kein Geräusch, alles stumm, freihändig über den toten Fahrradweg, verschluckt im Nebelloch. Dies alles war die unbestimmte Angst um ihre Mutter gewesen, die keine Worte hatte haben dürfen, weil ihre Mutter nichts gesagt hatte. Jetzt war es geschehen. Es schien unvorstellbar, wie das Leben weitergehen solle. Sie spürte nicht mehr den Boden. Da war das Nichts. Sie war Nichts. Sie war gar nicht da. So hockte sie starr, bis Nachbarn im Erdgeschoss ihr Esszimmerlicht anschalteten, was die ganze Szenerie taghell erleuchtete. Beim Herunterlassen des Rollos sahen sie die beiden.

Anja war nach oben gegangen, als sie die Polizeisirene hörte. Sie schloss die Wohnungstür auf, schaltete das Licht an und ließ sich an der Tür entlang auf den Teppichboden gleiten. Da krabbelte der Wellensittich hinter dem Schuhschrank hervor und auf Anja zu. Anja war glücklich. Sie liebte den Wellensittich, hatte ihn aber die letzten Monate sehr vernachlässigt. Sie sprach zum Wellensittich. Sie gaben sich Küsschen. Der Wellensittich saß auf ihrer Schulter und spulte seine gelernten Worte ab. Die Polizei fand später heraus, dass Anjas Mutter mittags gesprungen war. Niemand hatte es gesehen, denn fast alle Bewohner arbeiteten, um die Eigentumswohnungsraten aufbringen zu können. Seit dem Umzug hatte Anja oft vom Wellensittich geträumt: Mal saß er auf ihrer Schulter, sie ging durch eine Tür, die Tür fiel zu und enthauptete den Wellensittich. Der blutige Kopf fiel auf den Boden. Mal stand die Balkontür offen, Anja versuchte sie zu schließen, aber der Wellensittich war schneller, schoss hindurch und flog schreiend weg. Sie konnte ihn nicht halten. Jetzt träumte sie jede Nacht, die Wohnung sei leer und in ihrem schmalen Kinderzimmer läge der leere Vogelkäfig auf dem Boden, mit solcher Kraft auf den Boden geschleudert, dass der orange Plastikboden abgesprungen sei, überall Sand, und unter dem Plastikboden klebe der blutige, plattgedrückte Wellensittich.

Volker ging jeden Tag zur Arbeit, blieb dort lange. Anja nahm alleine an der Konfirmation teil. Sie trug einen langen Wickelrock von Marion und fühlte ständig, ob dieser noch fest gebunden war. Sie spürte nichts. Philippes Eltern luden sie zur Familienfeier ein. Anja konnte sich nicht konzentrieren. Vor den großen Ferien bat Anja Ines, den Wellensittich zu betreuen, und log etwas von einem Familienbesuch. Mit ihren Familien hatten sich Anjas Eltern schon vor Jahren zerstritten. Anja hob mit gefälschter Unterschrift alles Geld von ihrem Sparbuch ab, packte heimlich ihren Rucksack. Nur dank der Hilfe mehrerer Schaffner und Mitreisender kam sie mit dem Nachtzug am frühen Morgen in Paris an. Alles war so laut. Sie verstand kein Wort. Sie fing an zu heulen, das erste Mal richtig. Durch die Tränen sah sie gar nichts und stieg einfach in den nächsten Zug, ein Vorortzug mit schlafenden Nachtschichtlern. Sie fuhr mit dem nächsten Zug zurück und nahm all ihren Mut zusammen: »Où est-ce que le prochain train vers la mer?«, fragte sie einen rotgesichtigen Schaffner –

Anja sehnte sich nach dem Meer: sie hoffte, der Anblick eines riesigen Tränenmeeres heile ihren Kummer – und sie hatte Glück, denn dieser Schaffner mochte Mädels. Er setzte sie persönlich in den richtigen Zug und legte ihr eine Papiertüte mit roten Trauben in den Schoß. Die ungewaschenen Trauben schmeckten nach Insektenvertilgungsmittel, aber Anja aß sie trotzdem eine nach der anderen.
Wie das immer so ist, wenn einem wirklich alles egal ist, passierte nichts. Niemand kontrollierte Fahrkarten, Mitreisende gaben Anja Essen. Sie kamen in Rennes an. Jemand erklärte ihr, dass diese Nacht kein Zug mehr ans Meer führe. Anja, mutig geworden, beschloss zu trampen. Doch jetzt, wo es wirklich drauf ankam, hatte sie ihr Glücksstern verlassen, und der Lastwagenfahrer, der sie mitnahm, mochte zwar ebenfalls Mädels, doch nicht im guten Sinne. Anja sprang ohne ihren Rucksack aus dem fahrenden Laster. Dieser fuhr zwar gerade langsam, aber die Tür war hoch. Anja rollte in einen Graben. Der Lastwagenfahrer bremste, öffnete die Tür, konnte Anja nicht entdecken, schüttelte den Kopf und warf den Rucksack hinaus. Er schloss die Tür und fuhr weiter. Anja war wie eine Katze den Abhang hinunter gerollt. Anja stand langsam auf. Sie fühlte das warme Glühen in sich, das sich anfühlte, als brenne in ihr eine Kerze. Sie fühlte die leuchtende Wärme nur, wenn sie still in sich hinein horchte. Das warme Gefühl stieg nach oben, wie Sektperlen in einem Glas, durch ihren Hals zu ihrem Mund, und Anja lächelte. Sie spürte, dass alles wieder gut werden würde. Als sie in das nächste Dorf kam, dämmerte der Morgen heran. Der Bäcker gab ihr Kleingeld für die Telefonzelle und schenkte ihr ein duftendes Croissant. Anja rief ihren Vater an. Volker fuhr sofort los.

Gottesdienste

Gute Zeiten – schlechte Zeiten

Einführung der neuen Konfirmandinnen und Konfirmanden

Bernd Giehl

Der Gottesdienst entstand nach einem dreitägigen Konfi-Camp des Dekanats Wiesbaden, einem Zeltlager im Westerwald, an dem die Gruppe teilgenommen hatte. Das Thema des Camps war »Gute Zeiten, schlechte Zeiten«. Die Konfirmandinnen und Konfirmanden hatten an der Frage gearbeitet, was sie brauchen, damit es ihnen gut geht. Jede Gruppe hatte zwei Kartons mit ihren Ergebnissen bemalt, die im zentralen Gottesdienst im Camp eine Rolle spielten. Daran knüpft der Gottesdienst an.

Orgelvorspiel

Lied: »Morgenlicht leuchtet«, EG 455

Aktion 1

Bereits zu Beginn des Gottesdienstes setzen sich zwei Konfirmanden im Altarraum auf die im Konfi-Camp bemalten Hocker. Sie bleiben dort erst einmal sitzen und beginnen jetzt ein Gespräch.

Konfi 1:
Also, ich muss schon sagen, im Konfi-Camp war's schöner.

Konfi 2:
Da war immer was los.

Konfi 1:
Und wenn nix los war, haben wir was losgemacht.

Konfi 2:
Allein die Musik. So ne Band sollten sie auch hier haben. Und nicht nur diese öde Orgelmusik.

Konfi 1:
Und jetzt sitzen wir hier auf unseren Kartons vom Konfi-Camp.

Pfarrer (geht in den Altarraum):
He, ihr, was macht denn ihr hier? Wieso sitzt ihr auf diesen Kartons und nicht in den Bänken, wie alle anderen auch?
Konfi 2:
Auf den Kartons zu sitzen ist viel interessanter. Auf den Bänken sitzen wir jeden Sonntag.
Konfi 1:
Na ja, fast jeden.
Pfarrer:
Wo ihr Recht habt, habt ihr Recht. Sagt mal, was sind denn das für Kartons? Die kenne ich doch irgendwoher?
Konfi 1:
Wissen Sie das wirklich nicht mehr? Die sind doch von unserem Konfi-Camp.
Pfarrer:
Richtig, die sind vom Konfi-Camp. Aber da unten sitzen so viele Leute. Die wissen bestimmt nicht, was das ist: so ein Konfi-Camp. Oder was wir da gemacht haben. Ich schlage vor, jemand erzählt jetzt was vom Konfi-Camp.

Aktion 2

Konfirmand(in) erzählt vom Konfi-Camp.

Aktion 3

Die Konfirmanden stellen sich im Altarraum auf. Jemand liest ihre Namen vor. Jede(r) tritt bei der Nennung seines (ihres) Namens einen Schritt vor.

Hinführung
Pfarrer: »Gute Zeiten – schlechte Zeiten«, das war das Thema unseres Konfi-Camps. Wir haben hoffentlich eine gute Zeit miteinander erlebt. Wir haben uns überlegt, wann wir gute Zeiten erlebt haben und wann schlechte. Eigentlich geht es in jedem Gottesdienst um dieses Thema. Wir denken über unser Leben nach. Über das, was uns hilft, über das, was uns das Leben schwer macht. Wir danken Gott für das Gute, das er uns schenkt. Wir klagen ihm das, was uns bedrückt. Und wir bitten ihn um seine Hilfe in unseren Schwierigkeiten. Vielleicht könnte jeder Einzelne

das tun. Wenn er genug Vertrauen hätte, vor anderen über sein Leben zu reden. Aber unser Gottesdienst hat eine andere Form. Meist benutzen wir Worte, die andere schon vor uns benutzt haben. Manchmal finden wir uns in den Worten der Bibel wieder. Manchmal bleiben sie uns fremd. Und dennoch benutzen wir sie. So wie es die Menschen vor uns getan haben. So wie es möglicherweise auch die Menschen nach uns tun.
Und so möchte ich jetzt mit euch und Ihnen gemeinsam den Psalm 63 sprechen. Ich spreche die links stehenden Zeilen alleine; Sie antworten bitte im Chor, indem Sie die rechts eingerückten Zeilen sprechen.

Gemeinsamer Psalm: Psalm 63, EG 729 (EKHN)

Aktion 4

Zwei Konfis sitzen wieder auf ihren Hockern.
Konfi 1:
Hast du das verstanden?
Konfi 2:
Was soll ich verstanden haben?
Konfi 1:
Na, diesen, diesen ...
Konfi 2:
... Psalm.
Konfi 1:
Richtig. Diesen Psalm. Meine Seele dürstet ... Also wenn ich Durst habe, geh ich an den Kühlschrank. Oder zum Simsek. Und hol mir ne Cola.
Konfi 2:
So mach ich das auch *(denkt nach):* Aber vielleicht ist ja noch was ganz anderes gemeint.
Konfi 1:
Und was, bitte?
Konfi 2:
Woher soll ich das wissen?
Konfi 1:
Fragen wir doch einfach den Pfarrer. Der hat das vorgelesen. Der muss das auch verstehen.

Konfi 2:
Nein, ich habe eine bessere Idee. Wir fragen einfach die, die hier sitzen. Hallo, liebe Gemeinde, verstehen Sie, worum es da geht? (*Pause*) Hallo, Gemeinde! Ist da jemand da draußen? Konfis an Gemeinde, bitte melden. (Pause. Evtl. Gespräch. Sonst:) Du, ich glaub, da draußen ist gar niemand.
Pfarrer (kommt ebenfalls in den Altarraum):
Hm. Wo sie alle sind? Mal schauen. Ah doch, da sehe ich ein paar. Und da auch. Und da. Ich glaube, die haben sich nicht getraut, euch zu antworten. Eigentlich müssten sie's ja verstehen. Sie sind ja schließlich auch mal in den Konfirmandenunterricht gegangen. Nein, die trauen sich nicht. So öffentlich vor allen Leuten zu reden. Ihr seid einfach mutiger. Aber ich wette, die wissen immer noch nicht, worum es bei unseren Kartons, auf denen ihr hier sitzt, geht. Die haben ja schließlich auch was mit dem Thema »Gute Zeiten, schlechte Zeiten« zu tun. Wie wäre es denn, wenn jetzt jemand von den Konfirmanden etwas zu diesen Kartons erzählt?

Aktion 5

Konfirmand(in) erzählt etwas zu den Bildern auf den beiden Kartons. Die beiden, die bis dahin darauf gesessen haben, stehen auf und stellen sich an die Seite.
Pfarrer: Vielen Dank für diesen Bericht. Wir erleben in unserem Leben Zeiten, wo es uns gut geht, und andere Zeiten, wo es uns schlecht geht. Und immer brauchen wir Menschen, mit denen wir reden können. Und manche brauchen nicht nur andere Menschen, manche brauchen auch Gott. Weil sie sagen: Gott ist wie ein guter Freund, dem man alles sagen kann.
Deshalb gibt es im Gottesdienst das Gebet. Natürlich kann man nicht nur im Gottesdienst beten. Aber im Gottesdienst gehört es einfach dazu. Das wollen wir jetzt tun.

Gebet

Gott, du bist uns nah. So nah wie ein Freund. Du kennst uns mit all unseren Stärken und unseren Schwächen. Und doch schickst du keinen weg. Zu dir können wir kommen, mit allem, was uns bedrückt, aber auch mit allem, was uns Freunde macht. Dafür danken wir dir.

Lied: »Meine engen Grenzen«, EG 584,1-4 (EKHN)

Predigt

Text: Mk 10,46-52

Liebe Konfirmandinnen, liebe Konfirmanden, liebe Eltern, liebe Gemeinde! An diese Geschichte erinnert ihr euch sicher noch. Wir haben sie vor zwei Wochen im Konfirmationsunterricht gelesen und auch gespielt. Womöglich erinnert ihr euch vor allem noch daran, wie wir diese Geschichte gespielt haben. Einige von euch haben sich auf den Boden gesetzt und waren der blinde Bettler. Und andere sind an ihnen vorbeigegangen. Ihr habt um ein bisschen Geld gebettelt, damit ihr euch selbst ernähren könnt, und wir haben es euch gegeben oder es verweigert.
Als ich am Donnerstag anfing, mich mit dieser Geschichte zu beschäftigen, da habe ich ein wenig in der Bibel geblättert, um einmal nachzusehen, wo diese Geschichte sonst noch so steht. Und dabei ist mir aufgefallen, dass in den anderen beiden Evangelien, die diese Geschichte ebenfalls erzählen, der Blinde nicht einmal einen Namen hat. Nur hier, nur im Markusevangelium, wird sein Name überhaupt genannt. »Bartimäus«. Ein paar von euch haben gekichert, als wir den Namen gelesen haben. Fremd ist er sicher. Aber immerhin: Es ist ein Name. So wird dieser Blinde überhaupt erst unterscheidbar. Indem er einen Namen bekommt. Und nicht nur einer in einer großen Menge ist.
Aber in eben dieser Menge sitzt er nun. Alle anderen um ihn herum stehen. Und anders als er sehen sie, was um sie herum vorgeht. Sie nehmen vieles direkt wahr, was er sich mühsam genug zusammenreimen muss. Anders als er werden sie nicht herumgestoßen. Sie jedenfalls müssen nicht betteln, weil sie niemand finden, der oder die ihnen Arbeit gibt.
Ich vermute, dass Bartimäus jeden Tag an dieser Stelle sitzt. Irgendwie muss er ja für seinen Lebensunterhalt sorgen. Und weil er nichts anderes tun kann, muss er eben betteln. Ich weiß nicht, ob es seinen Stolz noch

verletzt. Doch ja, auch ein blinder Bettler hat seinen Stolz. Obwohl er den nun einmal herunterschlucken muss. Wenn es sein muss, jeden Tag aufs Neue. Bleibt ihm denn etwas anderes übrig? Es gäbe nur eine einzige Alternative, und die heißt verhungern.

Und jetzt möchte ich mich für ein paar Augenblicke von dieser Geschichte entfernen. Denn es soll ja erst in zweiter Linie um sie gehen. In erster Linie soll es um euch gehen, liebe Konfirmandinnen und Konfirmanden. Dies ist ja ein Gottesdienst, den ihr wesentlich mitgestaltet. Es ist euer Einführungsgottesdienst. Am Anfang sind eure Namen genannt worden, damit die Gemeinde weiß, wer in diesem Jahr zum Konfirmationsunterricht geht. Schließlich seid ihr ja ein Teil der Gemeinde; da sollt ihr auch vorkommen. Mit euren Namen und mit dem, was ihr zu diesem Gottesdienst beitragt.

Ein wichtiger Teil eurer Beiträge ist ja nun im Konfi-Camp entstanden. Dort war das Thema »Gute Zeiten – schlechte Zeiten« dran. Dort haben wir überlegt, was wir brauchen, um gute Zeiten zu erleben. Und natürlich auch, damit aus schlechten Zeiten wieder gute Zeiten werden.

Es ist euch ja auch eine Menge eingefallen, was euch gut tut. Musik tut euch gut, habt ihr gesagt, und das Telefonieren mit einer Freundin oder einem Freund. Überhaupt das Zusammensein mit Freunden und Freundinnen, das gemeinsame Erleben von schönen Sachen, aber natürlich auch das Reden über Probleme. Und auch die Eltern tun euch gut, jedenfalls dann, wenn sie Zeit für euch haben, euch zuhören, etwas mit euch unternehmen oder euch auch mal in Ruhe lassen, wenn ihr das braucht.

Und wenn ich das alles nun einmal auf einen Begriff bringe, dann sage ich: Es tut euch gut, wenn ihr wahrgenommen werdet. Wenn ihr gesehen werdet. Und zwar als einmalige, unverwechselbare Person. Als Person mit einem Namen und einem Gesicht. Als jemand, der oder die natürlich persönliche Eigenheiten hat, aber, egal wie liebenswürdig er oder sie sich selbst empfindet, sich doch geliebt und angenommen weiß.

Das, denke ich, ist das Wichtigste. Zu wissen: Die Menschen, auf die es mir ankommt, mögen mich so, wie ich bin. Und wenn ich sie brauche, dann sind sie auch für mich da.

Und jetzt schaut mal da vorne hin. Auf den Karton auf der linken Seite. Seht ihr ihn? Seht ihr, wer da sitzt? Nein? Schaut mal genau hin. Immer noch nichts? Merkwürdig. Ich sehe ihn. Da sitzt er. Da sitzt Bartimäus.

Mit seiner schäbigen Kleidung. »Seht ihr«, sagt er, »so geht es mir immer. Die Menschen nehmen mich nicht wahr. Weil ich meist im Rinnstein sitze. Mit meiner Bettelschale in der Hand. Und wenn sie mich doch wahrnehmen, dann bin ich ihnen lästig. Weil ich etwas von ihnen will. Weil ich sie daran erinnere, dass es ihnen gut geht. Bestenfalls haben sie Mitleid mit mir und geben mir ein paar Groschen, so dass ich mir Brot kaufen kann. Und womöglich sogar auch noch Margarine und Salz, damit das Brot nicht ganz so fad schmeckt. Aber ich bin doch auch ein Mensch. Ich möchte doch auch wahrgenommen werden. So wie alle anderen auch. Ich will ja gar nichts Besonderes sein. Nur ein Mensch, dem man auch mal ›Guten Tag‹ sagt oder den man fragt ›Wie geht es Ihnen heute?‹ oder dem man erzählt, was gerade im Dorf passiert ist.

Aber wer nimmt mich denn schon wahr? Mich, den blinden Bettler? Ihr habt die Geschichte gehört. Habt ihr aber auch gehört, wie sie mich behandelt haben? Wie oft haben sie mich von meinem Platz vertrieben. Wenn gerade wieder mal eine ausländische Delegation vorbeikam, die in Jericho verhandelte. Oder der man womöglich auch nur die Stadt zeigen wollte. Dann durfte ich nicht mehr an der Hauptstraße sitzen. Dann wollten sie, dass es mich am besten gar nicht gäbe. Mich und all die anderen Krüppel. Jawohl, ›Krüppel‹ haben sie mich genannt. Dann waren wir auch nicht viel mehr als Abfall. Abfall der menschlichen Gesellschaft.

An dem Tag, von dem die Geschichte erzählt, die ihr da eben gehört habt, da war das auch so. Gleich morgens haben wir's gemerkt. Dass da wieder so ein wichtiger Mann käme. Die ganze Stadt war in Aufregung. Worte schwirrten durch die Luft wie Fliegen. Ja tatsächlich: Es lag was in der Luft. Nur was? Die, die ich fragte, die antworteten mir erst gar nicht. Die gingen einfach vorbei. Schließlich hab ich's dann gelassen.

Ein paar Stunden später kamen sie. ›Ich sehe ihn‹, hörte ich ein kleines Mädchen rufen. ›Da kommt er, Jesus von Nazareth.‹ ›Wer kommt da?‹, fragte ich das Mädchen. Und es antwortete mir: ›Jesus von Nazareth. Der die Kranken gesund macht. Sag nur, du hast noch nie von dem gehört.‹ ›Doch, habe ich‹, sagte ich. ›Ob das wohl wahr ist, dass der Menschen heilen kann?‹ ›Ich glaub schon‹, sagte das Mädchen. ›Du bist doch blind. Versuchs doch mal.‹

Ihre Worte gingen mir durch und durch. ›Versuchs doch mal.‹ Einfach so. Das Mädchen hatte mich wahrgenommen. Mich, den Blinden. Vielleicht, weil sie selbst noch ein Kind war. Natürlich hatte ich von diesem Jesus gehört. Wer hatte das nicht. Aber würde er mich überhaupt wahrnehmen? Mich, den blinden Bettler, der im Rinnstein saß? Ich hoffte es so sehr. Und zugleich zweifelte ich daran.

Dann hörte ich Menschen laufen, Rufe ›Er kommt‹, ›Da ist er‹ und was da sonst noch alles gerufen wurde. Und auch ich schrie. Schrie aus Leibeskräften. Schrie so laut, dass sich meine Stimme überschlug, schrie an gegen den Lärm, der mir keine Chance ließ: ›Jesus, Sohn Davids, erbarme dich meiner.‹

Und nun glaubt es oder nicht: In all diesem Lärm hörten sie ausgerechnet meine Stimme. Als ob ich der Einzige gewesen wäre, der schrie. Und sie fuhren mich an: ›Halt den Mund. Was hast du überhaupt hier zu suchen?‹ Vielleicht hätten sie mich an einem anderen Tag zum Schweigen gebracht. Aber nicht an diesem Tag. Jetzt oder nie, dachte ich und brüllte mir bald die Seele aus dem Leib: ›Jesus, Sohn Davids, erbarme dich meiner.‹

Und dann hörte ich plötzlich eine Stimme, die ich nicht kannte. ›Wer ist das?‹ Als diese Stimme sprach, wurde es auf einmal ganz ruhig. Irgendjemand antwortete: ›Das ist Bartimäus. Er ist blind.‹ Und wieder diese andere Stimme: ›Bringt ihn her.‹

Aber sie brauchten mich nicht zu bringen. In der nächsten Sekunde war ich auf den Beinen. Hatte meinen Stock in der Hand und tastete mich in die Richtung, aus der die Stimme gekommen war. So aufgeregt war ich, dass ich ihn beinah umgerannt hätte, aber dann hielten ein paar kräftige Fäuste mich fest. Und die Stimme fragte: ›Was möchtest du von mir? Was soll ich für dich tun?‹ Und ich sagte: ›Herr, ich möchte wieder sehen können.‹ Ich habe nicht lange überlegt. In dem Moment, als ich das sagte, glaubte ich daran, dass er das tatsächlich für mich tun konnte. Im gleichen Moment konnte ich tatsächlich wieder sehen. Ob ihr's nun glaubt oder nicht.«

Und jetzt hoffe ich, dass ihr, die Konfirmanden, und Sie, die Erwachsenen, verstanden haben: Das ist mehr als nur eine gut erzählte Geschichte. Diese Geschichte hat mit unserem Thema zu tun. Mit dem Thema »Gute Zeiten – schlechte Zeiten«, mit der Frage, was brauchen Menschen, um überhaupt leben zu können? Die Antwort, die meine Geschichte gibt, ist in ein paar Worten zu formulieren: Sie brauchen einen Menschen, der sie

wirklich wahrnimmt. Das Wichtigste in dieser Geschichte ist: Jesus nimmt diesen Blinden wahr. Für ihn ist er nicht Abschaum. Für ihn ist er ein Mensch.
Im Konfi-Camp haben wir uns am Schluss unserer Gruppenarbeit noch einmal ein paar Bibelworte angeschaut. Mir war das ein wenig zu unvermittelt. Lieber wäre mir gewesen, wir hätten uns noch einmal ausführlicher mit einer Geschichte wie der von Bartimäus beschäftigt. An der man ja gut beobachten kann, wie Jesus mit Menschen umgegangen ist. Wie er auch die wahrgenommen hat, die andere links liegen ließen. Und ihnen so das Gefühl vermittelte, dass auch sie wertvolle und von Gott geliebte Menschen sind.
Bleibt natürlich immer noch die Frage, ob das alles nur alte Geschichten sind. Ich kann da nur für mich sprechen. Ich lese in ihnen nicht nur, was vor langer Zeit einmal geschehen ist, sondern etwas, was immer wieder geschieht. Auch heute. Sei es dadurch, dass ein Mensch durch andere Menschen das Gefühl bekommt, geliebt und wertvoll zu sein, oder sei es, dass ich glaube, dass Gott auch heute die Menschen genauso liebt und sie das spüren lässt, wie er das damals durch Jesus getan hat. Für mich heißt das Thema dieser Geschichte: Niemand muss sich schämen, weil er oder sie nicht begabt genug ist. Oder nicht so gut aussieht. Oder nicht intelligent genug. Oder zu wenig Geld hat. Für Gott sind wir richtig. Er hat uns lieb.

Lied: »Gott gab uns Atem«, EG 432,1-3

Schlussgebet

Gott, schenke uns gesundes, behütetes Leben, gib gute Tage mit klaren Zielen. Wir bitten dich darum für uns und unsere Mitmenschen. Wir bitten dich darum, dass du uns behütest auf den Wegen, die wir gehen. Wir bitten dich aber auch darum, dass wir nicht an denen vorübergehen, die unsere Hilfe nötig haben, an den Enttäuschten und Verbitterten, die auf ein gutes Wort von uns warten, an dem Bettler, der an unsere Tür kommt und ein bisschen Geld zum Leben haben will. Wir bitten dich um offene Ohren für die Argumente anderer Menschen, damit wir ihnen gerecht werden. Wir bitten dich um gute Nerven, damit wir auch die ertragen, mit denen wir eigentlich nicht zurechtkommen.
Gott, du bist uns ein Freund und du bleibst es auch dann, wenn wir

Dinge tun, die dir nicht gefallen. Lass auch uns Menschen sein, die Zuwendung geben.
Vater unser ...

Lied: »Herr, wir bitten, komm und segne uns«, EG 590,1-3 (EKHN)

Segen

»Es kommt ein Schiff, geladen«

Adventsgottesdienst im Boot

Arno Schmitt

Anmerkung:
Die verwendeten Bilder können durch andere Bilder mit ähnlichen Motiven, die zur Hand sind, ersetzt werden.

Teil A: Wer lässt ihn ein?

Die Glocken läuten und rufen aus den Häusern und Wohnungen. Auf dem Altar brennen die großen Kerzen. Fladenbrote, in große Teile geschnitten, liegen auf. Dazu in Bechern und Krügen Traubensaft. Auf der einen Seite des Altarraums, so gut wie nicht zu sehen: ein Bild-Projektor. Als Projektionsfläche dient die Kalkwand des Altarraums. Unterhalb der Altarstufen liegen die Teile eines alten, ausrangierten Rheinkahns: Rumpf und Ruder noch ordentlich erhalten. An Heck und Bug und halbem Mast sind alte Laternen mit brennenden Kerzen befestigt. Rund um das Schiff ist ein mehrfach verknüpftes Tau gelegt, die Fläche markierend, auf der sich die Feiernden im späteren Verlauf des Gottesdienstes zur Agape einfinden werden. Nach dem Verklingen der Glocken werden über eine gute Anlage Wind- und Wasserimpressionen eingespielt. (Geeignet hierfür z.B.: CD »Schakuhachi«, tvd-Verlag Düsseldorf, 1998)

Prolog

Er kommt. Wer lässt ihn ein? Wer lässt sich ein auf seine Ankunft? Wem kommt es darauf an, dass er kommt? Wer, sag', lässt es darauf ankommen?

Begrüßung

Noch einmal sind wie hier zusammengekommen, liebe Gemeinde, die Propheten zu hören. Sacharja war es am Anfang. Johannes der Täufer eine Woche später. Jesaia am vergangenen Sonntag. Und heute, kurz vor Weihnachten: Hosea. Unerhörtes haben sie uns zu sagen. Unerhört Ernstes und unerhört Schönes. »Der da kommt – den glimmenden Docht: Er wird ihn nicht auslöschen. Das geknickte Rohr: Er wird es nicht zerbrechen ...« Hört selbst!

Lesung

»Nicht mehr lange – und es wird eine Zeit kommen, da werde ich mit allen einen Bund schließen. Mit den Tieren des Feldes und mit den Vögeln des Himmels. Und die Bogen und Schwerter und Rüstungen unter euch? Ich will sie forttun. Dann werde ich den Himmel hören – und der Himmel wird die Erde hören – und die Erde wird euch hören – und keinen mehr wird es geben, der ungehört bleibt. Einsäen werde ich mein Volk in fruchtbares Land. Den Elenden wird es an Erbarmen nicht mangeln. Wie ein Tau in der Früh' des Morgens will ich sein. Blühen soll Israel wie eine Lilie und Zweige tragen wie der Ölbaum und duften wie eine Linde. Und rühmen soll man mein Volk wie den Wein des Libanon!« (aus Hos 2 und 14).

Lied

Die Orgel stimmt die Taizé-Weise »Ubi caritas et amor« an. Die Gemeinde singt sich in die Melodie hinein und wiederholt etliche Male (EG Baden, 608).

Gebet

Gott, der du einsteigst in die Miseren der Welt, dem Kreislauf von Willkür und Unverstand, Macht und Verblendung mit Macht entgegentrittst:

Komm uns entgegen! Stell' dich ein mit deinem Licht – dass sie uns aufgehen, unsere Verbohrtheiten und Verblendungen, Kurzsichtigkeiten und Kleingeistigkeiten, mit denen wir nicht nur uns selbst gefährden, sondern zur Bedrohung längst der ganzen Kreatur geworden ist! Komm' uns entgegen und stör' sie, unsere Kreise, damit es noch sein darf, das Leben, heute und morgen und lange noch: vielfältig, geheimnisvoll, Raum der Begegnung zwischen dir und allen deinen Geschöpfen!

Lied
Die Orgel stimmt das orthodoxe »Kyrie eleison« an. Die Gemeinde singt sich in die Melodie hinein und versucht sich mehrstimmig (EG 178.9).

Zeichenhandlung

Schon während der letzten »Kyrie«Töne machen sich acht KonfirmandInnen von ihren Plätzen auf, kommen von hinten durch den Mittelgang des Gottesdienstraums in den vorderen Teil des Altarraums, breiten vor den Altarstufen ein rundes, selbst gefärbtes Tuch aus, markieren es nach allen Himmelsrichtungen mit den Symbolen der Lebenselemente: Wasser = Wasserschale mit schwimmender Rose. Erde = Gartenerde/Steine. Feuer = brennende Kerze. Luft = luftleichte Taubenfedern. Ins Zentrum der Elemente-Collage wird ein Stück Jute und darauf ein großes, selbst gebundenes Ast-Kreuz gelegt. Nach Abschluss der Zeichenhandlung intoniert die Orgel »O Heiland, reiß die Himmel auf«.

Lied: O Heiland, reiß die Himmel auf (EG 7)

Teil B: Im Zeichen der Taube

An die Wand des Altarraums wird das Rostocker Tafelbild »Die Heimfahrt der Könige« projiziert. Akustische Wind- und Wellenimpressionen. Dann, nach einigen Sekunden völliger Stille:

Sprecher(in):
Und dann? Dann kamen sie doch! Nicht viele. Nicht mal 'ne Hand voll.

Aber »wo zwei oder drei in meinem Namen zusammenkommen ...« (so das Evangelium), »dort beginnt's!«
Seht – dort kommen sie! Über Wasser, im Schiff. Drei, die sich alles ganz, ganz anders vorgestellt hatten. Die es leid waren, im ewig trüben Spiel nur immer mitzurudern. »Nur immer wieder von neuem über den Tisch gezogen zu werden – nein, wir wollen es nicht: Wir wollen es nicht für uns und wir wollen es nicht für andere!« Dass es dann nur ganz, ganz Wenige waren, die sie empfingen dort im Hafen – nun ja: Sie konnten sich's ausmalen. Majestäten werden anders empfangen! – Doch der Reihe nach.

Sprecher(in):
Angefangen hatte diese seltsame Ausscher- und Umkehrgeschichte auf einer dieser großen Konferenzen jenseits des Meeres. International hoch angesehen waren dort, einmal mehr, die Bekanntesten und Kompetentesten ihres Fachs beieinander. Alarmierenden Gerüchten war nachzugehen. »Es sterben die Meere ...«, so sagten die einen. Doch andere wiegelten ab: »Nur keine Panik ...« – nichts sei verheerender als Schlagzeilen und allzu viel Aufsehen. »Stellen Sie sich vor, meine Damen und Herren, wir gehen an alles dieses nicht mit der äußersten Vorsicht heran: was werden die Internationalen Börsen dazu sagen und die, die weltweit unsere Projekte finanzieren?« Also kam's, wie's kommen musste: Das Geschehen zog sich in die Länge. Aus Tagen wurden Wochen, aus Wochen Monate.

Sprecher(in):
Da hatte einer der Illustren eines Nachts einen Traum. Wie ein heftiger Disput sei's gewesen. Nur – dass es dort nicht um Theoretisches und auch nicht um Einzelnes, sondern über die Maßen ums schiere Überleben gegangen sei. Und der, mit dem er's zu tun gehabt habe, das sei auch nicht einer der vielen Kongresskollegen gewesen, sondern einer, überaus erschreckend, der auf sein »Ich« nur immerzu mit »Ich aber sage dir« geantwortet habe.

Sprecher(in):
Was – du rufst mich um Hilfe? Willst meinen Rat? Nein, ich helfe dir nicht. Du hast dir die ganze Zeit selbst geholfen. Inspiriert von der Allmacht, wie du sie verstehst, hast du aus deiner winzigen Weltecke heraus

die Erde erobert. Hast deinen Sieg weit in die Flanken der Berge, in den Schoß der Erde, auf die Linien des Wassers, in die Gründe der Meere geschrieben. Und nun, da du auf Leichnamen stehst, von Albträumen geplagt bist, die Angst in dir hochsteigt, kommst du und forderst die alten Verheißungen ein. Forderst – doch sag': Warum? Fordere ich von dir?

Sprecher(in):
Meine Blauwale, meine Landvögel, meine Falter, meine Bäche, meine Wälder – nein, ich fordere sie nicht! Auch meine Luft und meine Böden, meine Flüsse und Meere, meine Sonnen und Planeten nicht! Und auch nicht meine Völker – die Pruzzen und Huronen, die Papuas und Tasmanier: Kennst du sie noch? Nicht mal meine Treuesten fordere ich von dir: Auf die Scheiterhaufen habt ihr sie gestellt – habt sie verbrannt – ihre Kadaver in die Brunnen geworfen – in meinem Namen! Und nun – nun klagt ihr, das Wasser sei faul. Was habe ich euch versprochen, was ihr euch selbst nicht geholt hättet!? Und heute – da kommt ihr und haltet mir entgegen: Hast du nicht, Gott – uns, die Menschen – zu deinem Bild – zu deinem Bild und Gleichnis gemacht – du selbst!? ICH ABER SAGE DIR: Wie Recht ihr habt! Zu meinem Bild und Gleichnis ...! Doch die Erde und der Himmel – sind die nicht auch (und zuallererst) für die Veilchen und die Vögel da? Und wenn ihr mich heute nach den Zederntoren des neuen Jerusalem fragt, dann bitt' ich euch, die Rechnung nicht ohne den Wirt zu machen: Zwei mal zwei ist vier! Die Pracht des neuen Jerusalem – du hast sie für deine Herrenhäuser und Machttempel gebraucht – meine Edelsteine deiner Gier und Eitelkeit ausgeliefert! Ich fordere sie nicht zurück – doch bitt' ich dich, dich zu erinnern und die Wahrheit nicht ganz auf den Kopf zu stellen!

Sprecher(in):
An Schlafen sei jetzt nicht mehr zu denken gewesen. Und schon habe er sein Bündel packen, sich auf und davon machen wollen, sein verlorenes, eitel verkauftes Lebens-Einmaleins wieder zu finden, da habe sich ihm sein Gegenüber noch einmal in den Weg gestellt:

Sprecher(in):
Weißt du eigentlich, wie es mit Noah war, auf dem Wasser der Urflut damals, als die Stürme tobten und die Wellen gingen und es nur eine Frage der Zeit war, wann es aus und vorbei sei mit denen, die sich im Kahn

noch zu retten versuchten? Bin zu ihnen gekommen. Als Taube. Im Schnabel ein Ölzweig, groß genug, vom Vogel getragen werden zu können und den Menschen im Kasten ein Quäntchen Hoffnung zu überbringen. »Leben soll sein – aus Wüsten sollen Gärten werden!«

An die Wand des Altarraums wird jetzt das Bild des »Noah mit der Taube« (BildKalender 1999: »Der Andere Advent«) projiziert. Einige Augenblicke Stille.

Sprecher(in):
Zu welchen Ergebnissen der Kongress am Ende führte und wie diese den Agenturen und der Öffentlichkeit weitergegeben wurden – die Ankömmlinge wussten es nicht. Es interessierte sie auch gar nicht mehr. Was sie interessierte, war – die Irrfahrt beendet und »ihren« Ankerplatz gefunden. Für's Erste zumindest. Denn die Fahrt würde weitergehen – die wirklichen Bewährungsproben noch ausstehen. Aber dort, auf diesem ganz, ganz anderen Kurs – im Zeichen der Taube: Dort fänden sie sie, die Chance ihres Lebens! Und die, so wussten sie, war es wert!

Lied: »Es kommt ein Schiff, geladen«, EG 8

Teil C: Mit dem Träumen gleich heute beginnen

Hinführung

Nein, Gott – noch sind wir nicht vor Anker im Land, von dem du uns erzählst. Doch den Hafen – wir sehen ihn schon. Und so loben wir dich, wahrhaftige, treue Gottheit, und bekennen unseren Glauben:

Sprecher(in):
Nicht ans Haben und Behalten, Raffen und Geizen, nicht an die Überlegenheit und die Macht des Stärkeren werde ich glauben ...
Alle: Wir wollen glauben ans Schenken und Empfangen, Verzeihen und Verbinden, an Freundlichkeit und Klarheit.

Sprecher(in):
Nicht dass Menschen besser sind, wenn sie mehr verdienen, schöner wohnen, geschickt und klug und mir angenehm sind, werde ich glauben ...

Alle: Wir wollen glauben, dass alle Menschen Gottes Kinder und mit der ganzen Kreatur sein geliebtes Leben sind, für das er längste Wege geht.

Sprecher(in):
Nicht an Mauern und Grenzen, Rassen und Ideologien werde ich glauben ...
Alle: An freie Länder, offene Häuser, gastfreie Menschen in allen Farben und Völkern wollen wir glauben.

Sprecher(in):
Nicht an den Geist, der auseinander reißt, werde ich glauben ...
Alle: An den Geist des kommenden Gottes wollen wir glauben. Was getrennt ist, er wird es suchen. Was verwundet, er wird's verbinden. Was sich fürchtet, ihm gilt sein »Fürchte dich nicht!« Friede wird sein, wenn er sich sehen lässt.

Lied: »O, adoramus te, Domine« (Taizé). Die Gemeinde singt sich hinein und wiederholt einige Male.

Weiterführung
Ins Boot lädt Gott uns ein. Wie die drei anderen dort im Hafen. Lasst euch ein auf Gottes Einladung. Kommt an Bord – im Kahn ist Platz für alle. »Schmeckt und seht, wie freundlich der Herr ist!«

In 30er-Gruppen bilden die Gottesdienstfeiernden um den Kahn einen Kreis. Fladenbrot. Traubensaft. »Das Stück Brot, das du isst – es ist dir gegeben, dass du lebst, dass du liebst, dass du Teil hast am Ganzen.« »Die Trauben, die du nimmst – sie sind dir gegeben, dass du lebst, dass du liebst, dass du stark wirst im Teilen.« Nach der Kommunion geben sich die Schiffsleute nach rechts und links die Hand: »Schalom«. Derweil: Musik der Bambusflöte. (CD – a.a.O.)

Gebet
Barmherziger, immer warst du vor uns. Bevor wir dich Vater riefen, hast du uns als Mutter umsorgt. Als wir vor dir, dem Herrn, die Knie beugten, kamst du als Bruder uns entgegen. Und beschworen wir deine Brüderlichkeit, erging die Antwort schwesterlich. Und Gott auch der »Blumen des Feldes« und »Vögel des Himmels« wolltest du sein, nie nur der Men-

schen. Warst uns, Barmherziger, immer voraus. Voraus wie die Frage der Antwort. Voraus wie die Sehnsucht der Ausfahrt. Voraus wie die Liebe dem Leben. Wunder deines Kommens, Gott!

Gebetsstille und Vaterunser

Teil D: In Gottes Namen

Lied: »Die Nacht ist vorgedrungen«, EG 16.1.2.5

Segen
In Gottes Namen wollen wir finden, was verloren, / wollen wir suchen, was verirrt, / wollen wir heilen, was verletzt. / So segne uns Gott / der Vater / der Sohn / die Heilkraft des Geistes!

Lied: »Halleluja«, Kanon (EG 182.1)

Vor der Kirche ist ein kleiner Adventsmarkt aufgebaut, auf dem man noch verweilen, miteinander reden, sich wünschen oder ein paar Kleinigkeiten und Nützlichkeiten (Kaffee, Tee, Gewürze, Honig etc.) besorgen kann.

Schlüsselworte des Glaubens

Konfirmandinnen und Konfirmanden gestalten einen Altar zum zweiten Glaubensartikel

Heinz Behrends

Zum vorbereitenden Unterricht
Zehn Unterrichtseinheiten zu je ca. 60 Minuten für die u.g. zehn Schlüsselwörter aus dem 2. Glaubensartikel. Nach jeder Unterrichtseinheit blei-

ben zwei Teilgruppen (4-6 Jugendliche) für weitere 60-90 Minuten. Eine Teilgruppe malt ein Bild zum Thema des Tages, eine weitere verfasst zu diesem ein Gebet, das am folgenden Sonntag im Gottesdienst von Konfirmanden und Konfirmandinnen gesprochen wird. Sie kennen zunächst nur die von ihnen bzw. in der jeweiligen Gruppe selbst erstellten Bilder. Eine elfte Stunde hat das Thema »Jesus«.
In der zwölften Unterrichts-Einheit werden alle Bilder vorgelegt. Das Plenum erarbeitet eine Anordnung der Bilder, evtl. mit Schlussbild (mein Bild von Jesus). Sie erarbeiten Texte zu den Bildern und formulieren ein eigenes Glaubensbekenntnis.
Die Eltern lernen die Arbeit auf einem Elternabend kennen. Anschließend wird der Altar in der Kirche aufgehängt. Ein Haupt-Gottesdienst mit Abendmahl wird vor dem Altar gefeiert. Die Konfirmanden stellen ihre Texte vor. Der Altar bleibt bis zur Konfirmation des Jahrgangs in der Kirche hängen. Er wird im Gemeindebrief veröffentlicht. Jede weitere Unterrichts-Stunde wird mit einer Andacht vor dem Altar beendet.
Ein Motiv des Altares, an dem der Konfirmand beteiligt war, ist Titelbild des Konfirmationsscheines.

Gottesdienst mit Vorstellung des Konfirmanden-Altares

Der Konfirmanden-Altar ist an der Seitenwand der Kirche aufgehängt. Die Stühle sind auf die Wand im Halbkreis ausgerichtet. Vor dem Altar ist ein Tisch mit Kerzen und Blumen aufgestellt.

Orgel oder Musikgruppe

Lied: Wo ein Mensch Vertrauen gibt (EG 604 Hannover)

Einstimmung in den Gottesdienst
Du bist empfangen. Du wirst erwartet. Viele freuen sich, dass du da bist. So fängt das Glaubensbekenntnis an, über Jesus zu reden. Große Entdeckungen haben wir mit den Konfirmanden gemacht, als wir anfingen, nur auf die Verben zu achten. Von empfangen über begraben werden bis zum Richten.
In mehrfacher Gestalt haben sie ihre Gedanken umgesetzt in Bildern und

Gebet. Wir haben alles gemeinsam zusammengefügt zu einem Altar. Den werden wir heute einweihen, ihn betrachten, vor ihm beten und Abendmahl feiern. Bilder, Gebete und Texte sind ein Werk der Konfirmanden. So ist nun alles bereitet, dass wir feiern im Namen Gottes, unseres Schöpfers, im Namen Jesu Christi, der den Weg des Menschen zu Gott ging, und im Namen des Heiligen Geistes, der uns den gelebten Willen Gottes vermittelt.

Lied: Du hast uns, Herr, gerufen (EG 168)

Kyrie

Sieh uns an, Gott. Du weißt unsere Wege der vergangenen Woche. Du kennst unsere kleinen und großen Ängste. Du siehst unseren Unglauben. Das ist uns Leid. Darum rufen wir zu dir:
Kyrie eleison (EG 178.9)

Gloria

Du lässt nicht ab von uns. Du stehst zu uns. Du hast alles für uns getan, ehe wir es verstehen und antworten. Darum loben wir dich und singen:
Laudate omnes gentes (EG 181.6)

Lied: Allein Gott in der Höh sei Ehr (EG 179)

Gebet

Gott, du liebst uns. Du stehst zu uns. Du hast alles für uns getan. Dafür danken wir dir. Öffne uns für deine Liebe. Dein Sohn Jesus Christus erreiche uns mit seinem Leben. Dein Heiliger Geist stärke uns heute, morgen und alle Tage unseres Lebens.
oder
Lied: Confitemini Domino ... (Taizé)

Zur Konzeption des Altars
Unser Altar besteht aus elf Bildern. Zehn sind zu den Verben, die im Glaubensbekenntnis stehen und den Lebensweg Jesu beschreiben, gemalt worden. Die Verben lauten: empfangen, geboren, gelitten, gekreuzigt, gestorben, begraben, hinabgestiegen, auferstanden, aufgefahren, richten. Das elfte Bild stellt Jesus dar.

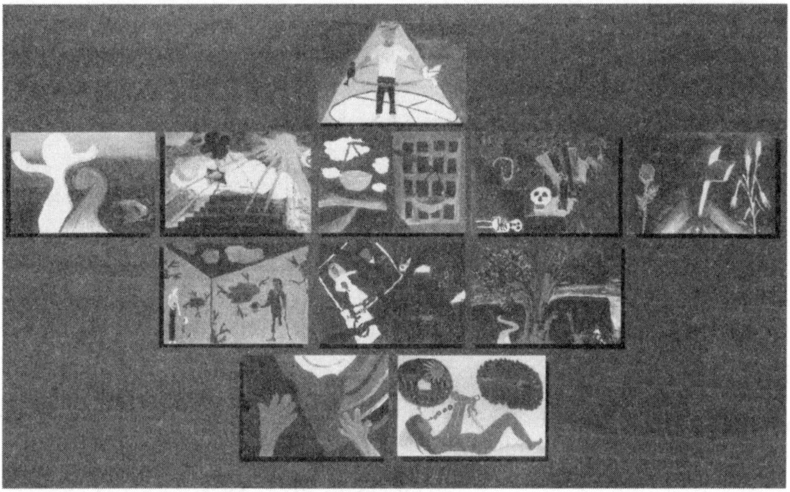

Nikolausberger Konfirmandenaltar zum 2. Glaubensartikel

Wir haben verschiedene Entwürfe zur Anordnung der Bilder gemacht. Für die abgebildete Anordnung haben wir uns entschieden. Wir möchten Sie bitten, die Bildfolge von der untersten Reihe her zu lesen.
Die unterste Reihe zeigt die Bilder zu den Wörtern »empfangen« und »geboren«. Sie beschreiben das »Werden des Lebens«. Doch schon das Werden des Lebens steht zwischen Hoffen und Bangen. Das sieht man an den Träumen der Mutter. In der zweiten Reihe wird das »Leben« gezeigt. Hier sehen Sie die Bilder »gelitten«, »gekreuzigt«, »gestorben«.
In der dritten Reihe sind die Bilder »auferstanden«, »aufgefahren«, »richten«, »hinabgestiegen« und »begraben« zu sehen. Das sind Bilder, die zeigen, was über das Leben hinausgeht. Auf der linken Seite von dem Bild »richten« stehen die Hoffnungssachen »auferstanden« und »aufgefahren«, auf der anderen Seite die Dinge, die uns Angst machen: »hinabgestiegen« und »begraben«. Ganz oben ist Jesus zu sehen. Er steht über allem. Er ist ganz oben, er ist der Erhöhte.

Lied: Confitemini Domino … (Taizé)

Empfangen
Wir sehen auf dem Bild ein Herz aus dem Himmel kommen. Es ist nicht

nur gut, es enthält Liebe und Hass. Die linke Seite ist die schlechte, die rechte die gute. Hände nehmen das Herz in Empfang. Jesus kommt mit Liebe zu den Menschen. Manche nehmen sie mit Freuden auf. Andere dagegen haben Hass und lehnen die Liebe von Jesus ab. Wir wissen: Jesus liebt uns und will Gutes für uns.

Geboren
Eine Mutter bekommt ihr Kind. Sie hofft auf eine gute Zukunft. Sie träumt davon, dass ihr Kind glücklich aufwachsen wird. Sie hat aber auch Angst, dass es nicht so wird. Dafür sieht man auf dem Bild zwei Träume: Links die gute Welt und rechts die stinkige Luft und die Hochhäuser. Als Jesus zur Welt kam, hatten seine Eltern Angst. Jesus ist in einem Viehstall, in einer Krippe, geboren. Herodes wollte ihn umbringen. Doch bei seiner Geburt haben viele zu ihm gehalten: Die Hirten, die Eltern und die Weisen. Wenn ein Kind geboren wird und alles gut geht, ist die Freude groß. Aber oft werden Kinder geboren, die nicht gewollt oder gemocht werden. Wir wünschen uns, dass man Verantwortung übernimmt, wenn ein Kind geboren wird.

Lied: Confitemini Domino ... (Taizé)

Gelitten
Wir sehen arme Menschen, die leiden. Wir sehen, wie sie sich im Leben mühsam durchschlagen. Sie müssen sich damit abfinden, dass sie nicht reich sind. Jesus hat armen und kranken Leuten geholfen. Kranke, Blinde, Taube, Krüppel hat er geheilt.
Wir meinen: Arme und kranke Menschen sollte man nicht ausstoßen. Sie sind auch Menschen. Man muss sich um sie kümmern. Sie brauchen unsere Hilfe.

Gekreuzigt
Manches im Leben geht einfach daneben: Eine Ehe geht kaputt. Man kriegt eine schlechte Zensur, auch wenn man sich angestrengt hat. Krieg und Erdbeben passieren. Täglich geschehen Unfälle, mit denen man nicht rechnet. Erst ist alles schön, und dann wird das Schöne durchkreuzt. Jesus ist am Kreuz gestorben. Obwohl er immer für das Gute war, haben die Leute ihn angegriffen. Sie haben sein Leben durchkreuzt und

ihn ans Kreuz genagelt. Wir lernen daraus: Vieles kann im Leben daneben gehen. Es gibt nicht nur die guten Zeiten. Das Schlechte kann ganz schnell kommen.

Lied: Confitemini Domino ... (Taizé)

Gestorben
Auf diesem Bild sehen wir, wie ein Baum durch einen Blitz getötet wird. Der Baum stirbt so qualvoll – wie Jesus am Kreuz. Der Weg links unten führt in das Leben und der Abgrund rechts in den Tod. Der Blitz trennt die linke Seite – das Leben – von der rechten Seite – dem Tod. Jesus wurde von Judas verraten. Die Regierenden schlugen ihn ans Kreuz. Dort starb er nach langen Qualen.
Jesus ist keine Ausnahme. Er stirbt wie alle Menschen. Doch: Er stirbt wie ein Hirte für seine Schafe.

Begraben
Die linke Seite ist die schöne Seite des Lebens. Dort sind eine schöne rote Rose und Vögel. Auf der rechten Seite ist der Tod. Dort steht eine vertrocknete Kornpflanze. Beide Seiten sind ganz nah zusammen. In der Mitte ist ein Grab mit einem Kreuz. Es trennt Leben und Tod.
Jesus wurde verraten. Angeklagt und gekreuzigt. Als er gestorben war, wurde er in ein Höhlengrab gelegt, vor das ein schwerer Stein gerollt wurde.
Niemand kann sich dem Tod entziehen. Wir fühlen bei dem Gedanken daran Angst und Leere. Man weiß nicht, was passiert. Jesus konnte sich auch nicht dem Tod entziehen. Nach seinem Tod hat er für alle Menschen weitergelebt. Leben und Tod liegen nah beieinander.

Lied: Confitemini Domino ... (Taizé)

Hinabgestiegen
Auf dem Bild wird gezeigt, wie schnell der Boden unter jemanden zerbrechen kann und man absteigt. Es stellt dar, dass man ganz unerwartet am Ende sein kann. Hinabgestiegen in das Reich des Todes kann man auf dem Bild sehr gut erkennen.
Von Jesus wissen wir: Er war immer und für jeden da. Menschen, die hi-

nabsteigen, hat er mit seiner Liebe und Kraft gestärkt, damit sie wieder aufsteigen können. Mit seiner Hilfe haben es viele geschafft.
Mit Liebe und dem Glauben an Jesus ist es auch uns möglich den Hinabsteigenden beizustehen, auch wenn man kein Geld oder materielle Dinge hat, um zu helfen. Man sollte nicht immer nur an sich selbst denken.

Auferstanden
Wir sehen auf dem Bild eine Pflanze, die wächst ... oder aufersteht. Sie fängt wie alles klein an und wächst. Am Schluss ist sie groß und prächtig. So ist das auch mit der Auferstehung. Niemand kann beweisen, dass Jesus auferstanden ist. Doch nach seinem Tod wussten die Jünger plötzlich, was sie tun mussten, denn Jesus war in ihnen und lebte weiter, um ihnen den Weg zu zeigen.
Für uns bedeutet das: Etwas, das nicht mehr da ist, kann immer wieder in Erinnerung gerufen werden. Man muss nicht verzweifeln, man sollte an die Erinnerung glauben. Auferstehen bedeutet für uns: Jemand, der ganz unten ist, findet den Mut und die Kraft, wieder aufzuerstehen.

Lied: Bonum est confidere ... (Taizé)

Aufgefahren
Wir haben auf diesem Bild Folgendes dargestellt: Die hellen, guten und freundlichen Symbole (z.B.: die Sonne) zeigen die im Himmel vorhandene Barmherzigkeit Gottes. Aufgestiegen in den Himmel heißt: Nach dem Tode werden die Sünden gut gemacht, um glücklich weiterleben zu können. Wir haben dargestellt, dass es ein wundervolles Jenseits gibt.
Von Jesus wissen wir, dass er alles Mögliche dafür getan hat, damit alle Menschen in den Himmel kommen können. Für ihn sind alle es gleich wert, gut weiter zu leben. Er ist die Barmherzigkeit. Für uns bedeutet das: Jedem wird die Chance gegeben, aufzusteigen In den Himmel, im Beruf wie auch bei anderen Sachen im Leben. Das Bild gibt uns Mut, die Zukunft mit einem Lachen zu sehen.

Richten
Die Waage wiegt zwischen Freiheit und Licht sowie Unfreiheit und Dunkel ab. Freiheit und Licht sind wie ein Weg, der in einem weiten Horizont führt. Unfreiheit und Dunkelheit sind wie ein vergittertes Gefängnisfeld.

Jesus richtet über die Menschen und befreit sie von ihren Sünden. Wer an ihn glaubt, wird Licht und Freiheit erhalten. Menschen, die gesündigt haben und nicht um Vergebung bitten, können Licht und Freiheit nicht erreichen.

Lied: Bonum est confidere ... (Taizé)

Jesus
Jesus ist einer wie wir. Aber er hat auf unserem Bild kein Gesicht, damit jeder sich in Jesus entdecken kann. Natürlich wissen wir, dass er früher anders ausgesehen hat. Aber wir malen Jesus mit Jeans und T-Shirt, damit jeder sich in ihm wiederfinden kann. Jesus hält den Kreislauf des Lebens mit seiner Liebe zusammen. Deshalb trägt er einen Ring, auf dem ein Rabe – der steht für das Bedrohliche – und eine Taube sitzen – die zeigt den Frieden. Er muss einen Heiligenschein haben, aber der ist von einer Dornenkrone umrankt. Ganz unten, wie eine runde Plattform, ist das Antiatomzeichen. Die drei Kreise bedeuten für uns: Unten, die Plattform, das ist der Erhalt der Schöpfung und des Friedens. In der Mitte ist der Lebenskreis, er bedeutet Gerechtigkeit im Leben. Der Heiligenschein und die Dornenkrone stehen für den Glauben. Im Glauben muss man Gutes und Böses zusammenbringen.

Lied: Confitemini Domino ... (Taizé)

Glaubensbekenntnis der Konfirmandinnen und Konfirmanden
Ich glaube, dass Gott der Vater für die Welt ist,
aber nicht sichtbar, unbeschreibbar und vielleicht überall.
Er schenkt allen Menschen
Geborgenheit, Liebe, Schutz, Freiheit, Verständnis,
Hoffnung, Vertrauen, Mut, Hilfe, Kraft und Halt.
Er behandelt alle Menschen gleich, verbreitet Frieden, Liebe und Leben.
Ich glaube, dass Jesus, der Bote Gottes, barmherzig ist
und ich durch ihn neu im Leben beginnen kann.
Ich glaube, dass Jesus Christus den Frieden, die Gerechtigkeit
und den Glauben an Gott uns gebracht hat.
Ich glaube an den Heiligen Geist, eine unsichtbare, uns umgebende Kraft,
durch die Gott in uns wirkt und uns den Weg weist. Amen.

Musik

Fürbittengebet

Gott, wir bitten dich für alle Frauen, die vor der Entscheidung stehen, eine Schwangerschaft abzubrechen. Lass sie Freunde und Beraterinnen finden, die ihnen helfen. Lass sie mit ihrer Verantwortung und ihren Schuldgefühlen fertig werden.
Wir bitten dich für alle Eltern: Nimm alle Angst vor der Erziehung. Gib ihnen Mut und Kraft, ein neues Leben mit ihren Kindern aufzubauen.
Wir denken an alle Männer und Frauen, die Väter und Mütter werden. Hilf ihnen, ihre Freude über die Geburt zu erhalten. Gib ihnen Kraft, eine Welt zu schaffen, in der ihre Kinder behütet sind und gut leben.
Wir bitten dich, Gott, für alle Menschen, deren Lebenspläne durchkreuzt wurden.
Für Kinder, die seit ihrer Geburt an einer Behinderung leiden, dass sie damit zurechtkommen, geheilt werden und ein eigenes Leben aufbauen können.
Für Eltern, die nicht mehr miteinander leben möchten, dass sie sich nicht verfeinden.
Für Jugendliche ohne Arbeitsplatz, dass sie nicht aufgeben.
Wir bitten dich für alle sterbenden Menschen, die sich um ihre Verwandten Sorgen machen, dass sie in Frieden sterben können.
Gott, wir bitten für alle Toten, dass sie nicht vergessen werden.
Segne alle Erinnerungen und hilf, alle schlechten Erinnerungen zu verarbeiten.
Vater unser ...

Segen

Orgelnachspiel

Gerechtigkeit in unserer einen Welt

Abendgottesdienst mit Anspiel

Friederike Reif

Der Gottesdienst ist erwachsen aus der Arbeit am Thema »Eine Welt«. 18 Konfirmandinnen und Konfirmanden haben die Gebete sowie das Anspiel verfasst und vorgetragen.

Orgelvorspiel

Begrüßung
Guten Abend. Wir begrüßen Sie zu unserem Gottesdienst. Heute Abend geht es um die Gerechtigkeit in unserer einen Welt. Wir haben diesen Gottesdienst gemeinsam für Sie gestaltet. Wir wünschen uns allen einen schönen Gottesdienst und beginnen nun mit dem ersten Lied.

Eingangslied: Ich möcht', dass einer mit mir geht (EG 209,1-4)

Eingangsvotum

Psalm: EG 706 (Regionalteil Pfalz)

Kleines Gloria: EG 177.2

Gebet
Wir beten zu Gott,
dass er uns hilft, den Armen und Benachteiligten zu helfen und sie zu respektieren.
Uns geht es gut. Alle Menschen dieser Welt sollen gleichberechtigt sein.
In diesem Moment, in dem wir hier in der Kirche beisammen sind, fürchten Millionen von Kindern und Obdachlosen in der so genannten Dritten Welt um ihr Leben.
Darum hören wir gemeinsam, was Gott uns aufgibt.
Gott schenke uns Mut, richtig zu handeln.
Amen.

Lied: Die Erde ist des Herrn (EG 659,1-4 Regionalteil Pfalz)

Schriftlesung: Jes 58,1-12

Lied: Brich mit den Hungrigen dein Brot (EG 420,1 –5)

Anspiel

Dekoration: Schild »Weltladen«, Kaffeepackungen, Bananen, Schokolade, Weltkarte o. Ä.
Kunde (betrachtet Preise des Kaffees und wundert sich)
Kundin (kommt dazu): Hallo, wissen Sie, warum die Preise hier so hoch sind?
Kunde: Ich habe mich auch schon darüber gewundert. Schauen Sie mal, das kostet ja doppelt so viel wie im Supermarkt. Verkauft sich das überhaupt?
Verkäuferin: (kommt dazu): Guten Tag, kann ich Ihnen behilflich sein?
Kunde: Wir fragen uns, warum die Preise so hoch sind. Haben diese Produkte eine Besonderheit?
Verkäuferin: Unsere Ware ist fair gehandelt, das bedeutet, dass z. B. das eingenommene Geld für den Kaffee zum großen Teil an die Landarbeiterinnen und Landarbeiter selbst geht, die den Kaffee anbauen. Sie bekommen einen gerechten Lohn, anders als die Angestellten der Plantagen. Je mehr die Waren kosten, desto mehr Geld bekommen die Menschen in den armen Ländern, die die schwere Arbeit ja verrichten.
Kundin: Sie bekommen doch auch Ihren Teil?
Verkäuferin: Alle Mitarbeiterinnen und Mitarbeiter im Weltladen arbeiten ehrenamtlich. Wir behalten nur, was wir für Miete und Nebenkosten des Ladens brauchen.
Kunde: Wenn das so ist, kaufen wir natürlich diesen Kaffee. Vielen Dank für diese wichtigen Informationen.
Kunde: Auf Wiedersehen.
Verkäuferin: Auf Wiedersehen, ich wünsche Ihnen noch einen schönen Tag.

Predigt

Liebe Gemeinde!
Der Weltladen – ein Geschäft mit Preisen, die uns bei der allgemeinen Teuerung besonders aufstoßen. € 3,50 für ein halbes Pfund Kaffee?! Das ist doch wohl nicht möglich. Wer kann sich das schon leisten?
Andererseits – was kann sich die Familie eines Landarbeiters leisten, der den Kaffee auf einer Plantage anbaut und dafür einen Hungerlohn erhält? Die Arbeitsbedingungen sind hart, doch den Gewinn streicht der Plantagenbesitzer ein. Wer eigenes Land besitzt, muss sich den Preisen des Weltmarktes beugen – und die bestimmen die großen Kaffeemarken gemeinsam mit den Großgrundbesitzern. Der kleine Bauer hat keine Chance in diesem Konkurrenzkampf. Und als angestellter Landarbeiter hat er keine Chance auf gerechten Lohn. 10 Stunden, 12 Stunden Plackerei und mehr am Tag, keine Krankenversicherung, kein Kündigungsschutz, und am Ende der Woche nicht einmal genug Geld, um Essen zu kaufen für die ganze Familie.
Schulgeld für die Kinder? Mehr als ein notdürftiges Dach über dem Kopf? Die ganze Familie muss mitarbeiten, um sich über Wasser halten zu können. Die Kinder werden ausgebeutet wie ihre Eltern – und ohne Schulbildung haben sie keine Chance, diesem Teufelskreis zu entkommen.
€ 3,50 für ein halbes Pfund Kaffee – das ist angesichts der Lebensumstände der Landarbeiterfamilien noch wenig. Der Preis ist sogar nur zu halten, weil die Mitarbeiterinnen und Mitarbeiter im Weltladen unentgeltlich arbeiten und weil Projekte zum fairen Handel finanziell gefördert werden von Entwicklungshilfeorganisationen. Wir müssen uns klar machen, dass Kaffee mehr wert ist, als wir dafür bezahlen.
Der fair gehandelte Kaffee stammt von Feldern, die von Landwirtschaftskooperativen bestellt werden. Kleinbauern, die sich zusammengeschlossen haben, um den Plantagenbesitzern zu trotzen. Hart arbeitende Menschen, die stolz darauf sind, ihren Kindern eine Schulbildung ermöglichen zu können. Familien, die darauf angewiesen sind, dass wir uns den teuren Kaffee leisten.
Die Szene aus dem Weltladen zeigt uns ein Stück Realität – Kunden, die nicht verstehen, warum der Kaffee so teuer verkauft wird. Aber in unserem Beispiel erfahren sie es glücklicherweise. Viele Menschen hierzulande aber wissen nicht, dass sie mitverantwortlich sind für die Armut in

den Entwicklungsländern. Mitverantwortlich, weil sie zu den Preisen kaufen, die der Weltmarkt diktiert, von denen aber die Menschen am untersten Ende der Handelskette nicht wirklich leben können. Die beiden Kundinnen im Weltladen erfahren, dass ein fairer Preis die Chance auf dem Weg zu mehr Gerechtigkeit in der Welt ist. »Dann kaufen wir selbstverständlich diesen Kaffee.«

Aber ist das so selbstverständlich? Der Weltladen ist nicht gerade um die Ecke. Und bei uns sitzt das Geld auch nicht mehr so locker. Schnell sind die Bilder vergessen von den ausgebeuteten Familien in Lateinamerika. Wir spenden ja auch regelmäßig für Brot für die Welt oder andere Institutionen. Und schon wird der Kaffee wieder im Supermarkt gekauft. Immerhin – auch in manchen Supermärkten wird mittlerweile fair gehandelter Kaffee angeboten. Aber auch dort kauft ihn nicht jeder.

Er muss aber gekauft werden – genauso wie viele andere Produkte des Weltladens: Kakao, Schokolade, Tee, Bananen und so fort. Wir – jeder und jede Einzelne von uns – sind mitverantwortlich für die Gerechtigkeit in der Welt. Wir können und müssen etwas tun.

Brich mit den Hungrigen dein Brot, und die im Elend ohne Obdach sind, führe ins Haus! Wenn du einen nackt siehst, so kleide ihn, und entzieh dich nicht deinem Fleisch und Blut!

So haben wir es in der Lesung vernommen, so haben wir es gesungen. Worte aus dem Alten Testament, das an vielen Stellen ein feines Gespür für soziale Ungerechtigkeit beweist. Gott fordert uns alle auf, gegen Ungerechtigkeit in der Welt zu handeln. Und dabei reicht es nicht, Geld zu spenden, wenn nicht gleichzeitig die Strukturen geändert werden, die die armen Länder in ihrer Armut festhalten.

Gib frei, die du bedrückst, reiß jedes Joch weg! Es sind klare Worte, die Jesaja im Auftrag Gottes an sein Volk richtet. Durch Jesus sind wir Teil dieses Volkes geworden – und Jesus selbst fordert uns auf, unser Handeln nach seinem Vorbild auszurichten: Wahr ist es; was immer ihr einer meiner Schwestern und oder einem meiner Brüder, was immer ihr den Geringsten getan habt, das habt ihr mir getan.

Unterstützen wir die ausgebeuteten Armen dieser Welt – so ist es Jesus selbst, dem wir zu essen geben, ein freies Leben ermöglichen. Kaufen wir unseren täglichen Bedarf gedankenlos ein, ohne uns um Weltmarktpreise und moderne Sklaverei zu kümmern – so ist es Jesus selbst, den wir hungern lassen nach Essen, Bildung, Freiheit, Gerechtigkeit.

»Rufe getrost, halte nicht an dich! Erhebe deine Stimme wie eine Posaune und verkündige meinem Volk Abtrünnigkeit und dem Hause Jakob seine Sünden!« So spricht Gott durch den Propheten Jesaja. Gott schilt mit seinem Volk in diesem Prophetentext. Er hat sein Volk bestraft, berichtet uns die Bibel, das Land ist von allen Seiten bedroht von Feinden und stöhnt unter hoher Abgabenlast. Sie rufen zu ihrem Gott und klagen ihn an: »Warum hilfst du uns nicht? Hast du deinen Bund mit uns vergessen? Wir fasten doch, wie es vorgeschrieben ist, schränken uns ein, um dir zu gefallen. Gib uns unser Recht und sorge für uns!«, fordern sie von Gott.

Israel fühlt sich unrecht behandelt von Gott. Sie tun doch, was im Gesetz steht, warum schützt ihr Gott sie nicht vor ihren Feinden? Aber Gott ist nicht zufrieden. Er sieht hinter das Tun der Menschen. Er weiß, dass sie nur äußerlich das Gesetz befolgen – sie fasten, aber gleichzeitig misshandeln sie ihre Mitmenschen, streiten untereinander. Und so weist Gott sie zurecht. Sie selbst glauben alles richtig zu machen, aber Gott öffnet ihnen die Augen: Siehe, an dem Tag, da ihr fastet, geht ihr doch euren Geschäften nach und bedrückt eure Arbeiter. Siehe, wenn ihr fastet, hadert und zankt ihr und schlagt mit gottloser Faust drein.

Ein Fasten, bei dem die Menschen sich selbst kasteien und traurig herumrennen, um ja zu beweisen, dass sie ein gottesfürchtiges Leben führen, das gefällt Gott nicht. Wenn er Verzicht fordert, dann zugunsten derer, die Zuwendung brauchen. Was sie haben, sollen die Menschen nicht einen Tag wegschließen, um es am nächsten Tag mit größerer Freude zu verbrauchen, sondern sie sollen es teilen mit denen, die Mangel leiden. Das ist ein Fasten, an dem ich Gefallen habe: Lass los, die du mit Unrecht gebunden hast, lass ledig, auf die du das Joch gelegt hast! Gib frei, die du bedrückst, reiß jedes Joch weg.

Brich mit den Hungrigen dein Brot, und die im Elend ohne Obdach sind, führe ins Haus! Wenn du einen nackt siehst, so kleide ihn, und entzieh dich nicht deinem Fleisch und Blut!

So fordert Gott die Israeliten auf, und so gilt die Forderung auch uns. Es reicht nicht, ein gutes Leben zu führen, indem wir niemandem Böses tun, aktiv für unsere Gemeinschaft arbeiten, Geld und Kleidung spenden. Wenn wir das ehrlich aus innerer Überzeugung heraus tun, ist es schon sehr viel. Aber es ist auch wichtig, dass wir wahrnehmen, wo wir selbst die Ungerechtigkeit in der Welt unterstützen, ohne es zu wollen.

Kaufen wir Kaffee, Schokolade, Bananen und viele andere Produkte wie auch Kleidung, Markenschuhe, Elektronikware auf herkömmlichen Handelswegen, so unterstützen wir damit ein ungerechtes Wirtschaftssystem, das die Armen immer ärmer und die Reichen immer reicher macht. Wahr ist es; was immer ihr einer meiner Schwestern und oder einem meiner Brüder, was immer ihr den Geringsten getan habt, das habt ihr mir getan. Mit jedem Stück, das wir über den fairen Handel erwerben, unterstützen wir die Bemühungen um eine bessere Wirtschaftsordnung. Das ist nicht leicht. Viele von uns müssen selbst mit wenig Geld zurechtkommen bei steigenden Preisen. Fair einzukaufen, bedeutet, selbst Verzicht zu üben, sich weniger leisten zu können. Aber es bedeutet, Gottes Weg zu folgen. Und Gott zu folgen, heißt, den richtigen Weg zu gehen, um Gottes Güte an sich selbst wahrnehmen zu können:

Dann wird dein Licht hervorbrechen wie die Morgenröte. ... Wenn du in deiner Mitte niemanden unterjochst und nicht mit Fingern zeigst und nicht übel redest, sondern den Hungrigen dein Herz finden lässt und den Elenden sättigst, dann wird dein Licht in der Finsternis aufgehen, und dein Dunkel wird sein wie der Mittag. Und der Herr wird dich immerdar führen und dich sättigen in der Dürre und dein Gebein stärken. Und du wirst sein wie ein bewässerter Garten und wie eine Wasserquelle, der es nie an Wasser fehlt. Amen.

Lied: Komm in unsre stolze Welt (EG 428,1.2.5)

Fürbitten

Gott, wir müssen erfahren, dass es uns auch deshalb so gut geht in unserem Land, weil wir auf Kosten anderer Länder leben. Während wir zu essen und zu trinken, freie Bildung und Luxus haben, kämpfen andere Menschen tagtäglich ums Überleben.

Wir bitten für alle Menschen um Verständnis und Respekt gegenüber den Ärmeren und Schwächeren.

Wir bitten für alle Menschen, dass sie nicht jeden Tag um ihr Leben kämpfen müssen, sondern ein Zuhause und eine Arbeit finden.

Jeder Mensch hat das Recht auf ein Zuhause und darauf, respektiert zu werden.

Darum hilf den Armen und Ausgebeuteten, einen Weg aus ihrem jetzigen Leben zu finden.

Wir bitten dich, hilf uns, unser Leben auf andere auszurichten und denen zu helfen, denen es nicht so gut geht wie uns. Amen.

Vaterunser

Abkündigungen und Friedensgruß

Lied: Selig seid ihr, EG 667,1-4 (Regionalteil Pfalz)

Segen und Orgelnachspiel

Du sollst nicht töten!

Vorstellungsgottesdienst

Micaela Strunk-Rohrbeck

Musik (Band)

Votum

Hinführung – Vorstellung der Gruppe

Konf.: Den heutigen Gottesdienst haben wir in unserer Konfirmandengruppe gemeinsam vorbereitet. In den vergangenen Wochen haben wir über das Gebot »Du sollst nicht töten« nachgedacht. Wir haben zusammengetragen, wo Töten und Gewalt in unserem Alltag vorkommt, und nachgedacht, wie Gewalt entsteht. Wir haben überlegt, wo wir selbst zu Gewalt beitragen und nachgelesen, was die Bibel dazu sagt. Davon wollen wir heute im Gottesdienst erzählen.

Konf.: Vorher möchten wir aber die einzelnen Mitglieder unserer Konfirmandengruppe vorstellen. Es sind: ... (Die Jugendlichen stellen sich, sobald ihr Name genannt wird, im Altarraum auf und singen das erste Lied von dort aus mit).

Lied: Danke für diesen guten Morgen (EG 334)

Während der letzten Strophe nehmen alle Jugendlichen Platz, bis auf die »Nachrichtensprecherin«, für die Tisch und Stuhl im Altarraum aufgestellt wird.

Nachrichtensendung

(Konfirmandin sitzt am Tisch)
Guten Abend, meine Damen und Herren! Ich begrüße Sie zu unseren Kurznachrichten:

Erstmals eine Frau als Attentäterin
In Palästina sprengte sich am frühen Nachmittag erstmals eine Frau in die Luft. Bei diesem Anschlag wurde eine Person getötet und hundert weitere verletzt.

Urteile im Satanisten-Prozess
Das wegen Mordes angeklagte Ehepaar Manuela und Daniel Ruda legte vor Gericht ein Geständnis ab und rechtfertigte die Bluttat als »Befehl Satans«. Die Satanisten wurden zu 12 bzw. 14 Jahren Haft verurteilt.

16-Jährige sticht auf Mitschülerin ein
Eine 16-jährige Jugendliche stach am heutigen Vormittag auf einem Schulhof einer Mitschülerin in den Bauch. Nach Angaben der Polizei besteht jedoch keine Lebensgefahr. Die Täterin konnte nach kurzer Flucht verhaftet werden. Das Motiv ist nach wie vor unklar.

Vater tötet seinen 3 Monate alten Säugling
Nach Angaben der Polizei sei das Kind an einem »Schüttel-Trauma« gestorben. Der 25-jährige Täter gestand der Polizei, dass er zum Zeitpunkt der Tat sehr stark alkoholisiert war.

Harmloser Spaß endet tödlich
Beim Spiel mit einem 10 cm langen Klappmesser traf eine 12-jährige Schülerin ihren 15-jährigen Freund mitten ins Herz. Der Junge konnte nicht gerettet werden.

Spritztour mit Vaters Auto
Ein 14-jähriger Junge hat bei einer Spritztour mit dem Auto seines Vaters die Kontrolle über den Wagen verloren. Bei diesem Unfall wurden zwei Menschen getötet und vier weitere verletzt.

Hinrichtung in Kalifornien
12 Jahre nach dem Mord an einer 81-Jährigen wurde der Täter in Kalifornien mit der Giftspritze hingerichtet. Dies war die zehnte Hinrichtung seit der Wiederzulassung der Todesstrafe im Jahr 1978.

Cessna stürzt in Bank
Ein 15-Jähriger stahl in Florida ein Flugzeug und flog damit in die »Bank of America« in Tampa. Im Nachhinein wurde bekannt, dass er Sympathien für den Topterroristen Bin-Laden hatte.

Hungernde Kinder warten auf Hilfe
Die Kinder im durch den Krieg stark beschädigten Afghanistan brauchen nach Angaben der Vereinten Nationen (UN) dringend Lebensmittel.
So weit unser Nachrichtenüberblick. Und nun zum Wetter ...
(Konfirmandin nimmt wieder Platz.)

Sündenbekenntnis

(Wechselnde Stimmen:)
(1) Jeden Tag hören wir in den Nachrichten von Tod und Gewalt. Wir selbst haben noch keinen Menschen getötet. Aber Gewalt gegen Menschen beginnt schon lange, bevor Blut fließt: im Denken – im Reden – im Verhalten. Im Unterricht haben wir dazu manches zusammengetragen.

Gewalt gegen Menschen beginnt schon mit dem Denken:
(2) wenn ich nur das Schlechte in jemandem sehe und ihm misstraue,
(3) wenn ich fies über jemanden denke und mir wünsche, dass ihm oder ihr was Schlimmes zustößt,

(4) wenn ich jemanden hasse und mir vorstelle, was ich ihm oder ihr gern zufügen würde.

(1) Gewalt gegen Menschen geschieht auch, wenn Worte wehtun oder verletzen:
(2) wenn ich jemanden beleidige oder beschimpfe oder auslache,
(3) wenn ich jemandem drohe, um ihn einzuschüchtern,
(4) wenn ich hinterm Rücken über eine Person tuschele, wenn ich Gerüchte über sie verbreite oder ihre Geheimnisse weitererzähle.

(1) Gewalt gegen Menschen wird besonders sichtbar im Verhalten. An unseren Schulen erleben wir das fast täglich:
(2) Da wird geschubst, gerempelt und der Stuhl weggezogen.
(3) Da wird geprügelt und getreten.
(4) Da wird sogar erpresst und terrorisiert.

(1) Aber auch, wenn ich dabei nicht mitmache, kann ich durch mein Verhalten anderen Schaden zufügen:
(2) wenn ich anderen nicht helfe,
(3) wenn ich einen zum Außenseiter abstempele oder dabei mitmache, wenn eine gemobbt wird,
(4) wenn ich jemanden wie Luft behandele und nicht beachte.

Pfarrerin: Alles, was wir falsch gemacht haben, und all die Dinge, die jeder und jede von uns auf dem Herzen hat, bringen wir nun vor Gott mit dem Lied »Meine engen Grenzen«.

Lied: Meine engen Grenzen (EG 600,1-4 Westfalen)

Psalm
In allem, was unser Leben auf Erden bedroht, ist Gott bei uns. Darum loben wir ihn mit Worten aus dem 27. Psalm in einer modernen Übertragung (Nr. 778, EG Westfalen). Wir sprechen den Psalm im Wechsel zwischen Konfirmanden und Gemeinde.

1. Lesung
Konf.: Wir hören die Erzählung vom ersten Mord der Menschheitsge-

schichte aus dem 1. Buch der Bibel. Dazu stellen einige von uns lebende Bilder dar.
Gen 4,1-16 (Kain und Abel – mit Standbildern)

Rollenspiel

Konf.: Gewalt entsteht oft, weil Menschen ihre Wut an anderen auslassen, anstatt über ihre Gefühle zu reden. Wir spielen das in einem Rollenspiel einmal vor.

1. Szene: Im Büro
Krause: Chef, es tut mir Leid – ich habe gerade einen Kratzer in den Firmenwagen gemacht.
Chef: Sind Sie wahnsinnig?! Das neueste Auto in meinem Wagenpark! Entweder, Sie kommen für den Schaden auf, oder Sie werden gefeuert! Raus mit Ihnen!!

2. Szene: Im Esszimmer
Mutter: Schatz, wie war's auf der Arbeit?
Krause: Frag nicht so blöd! Hol lieber das Essen auf den Tisch!
(Mutter holt das Essen.)
Krause: Was ist das denn?! Nichts Richtiges, nur Suppe? Dann kann ich ja gleich woanders hingehen! (geht)
Jenny: Was ist denn mit Papa los?
Mutter: Geht dich gar nichts an! Geh auf dein Zimmer und mach deine Hausaufgaben!
(Jenny geht und trifft im Flur auf Daniel.)
Daniel: Was ist denn mit dir los?
(Jenny schubst Daniel.)
Jenny: Lass mich in Ruhe, du Blödmann! (geht)
(Daniel knallt die Schultasche in die Ecke.)
Daniel: Scheißtag heute!

Lied: Unfriede herrscht auf der Erde (EG 671 Westfalen)

2. Lesung

(1) In der Bergpredigt Jesu sind wichtige Worte Jesu über das Zusammenleben der Menschen zusammengefasst. Auch zu unserem Thema »Töten / Gewalt« finden sich dort einige Abschnitte. Wir hören Sätze aus dem 5. Kapitel des Matthäusevangeliums.

(2) »Ihr wisst, dass unseren Vorfahren gesagt worden ist: ›Morde nicht! Wer einen Mord begeht, soll vor Gericht gestellt werden.‹ Ich aber sage euch: Schon wer auf seinen Bruder zornig ist, gehört vor Gericht. Wer aber zu seinem Bruder sagt: ›Du Idiot‹, der gehört vor das oberste Gericht. Und wer zu seinem Bruder sagt: ›Geh zum Teufel‹, der verdient, ins Feuer der Hölle geworfen zu werden.«

(3) »Ihr wisst, dass es heißt: ›Auge um Auge, Zahn um Zahn‹. Ich aber sage euch: Ihr sollt euch überhaupt nicht gegen das Böse wehren. Wenn dich einer auf die rechte Backe schlägt, dann halte ihm auch die linke hin.«

(4) »Ihr wisst auch, dass es heißt: ›Liebe alle, die dir nahe stehen, und hasse alle, die dir als Feinde gegenüber stehen.‹ Ich aber sage euch: Liebt eure Feinde und betet für die, die euch verfolgen. Denn euer Vater im Himmel lässt die Sonne scheinen auf böse wie auf gute Menschen, und er lässt es regnen auf alle, ob sie ihn ehren oder verachten.«

Pfarrerin: Wir antworten auf diese Worte Jesu, indem wir unseren Glauben an den dreieinigen Gott bekennen.

Glaubensbekenntnis

Lied: Ich singe dir mit Herz und Mund (EG 324)

Predigt

Liebe Jugendliche, liebe Erwachsene,

zunächst einmal vielen Dank an euch Jugendliche für all das, was ihr hier vorgetragen habt. Wir haben uns ja im Unterricht eine ganze Weile mit dem Thema »Du sollst nicht töten« beschäftigt. Manches haben wir im Gespräch erarbeitet, vieles aber auch mit anonymen Fragebogen – und ich fand es spannend, wie persönlich ihr euch da zum Teil geäußert habt.

Ihr habt euch dieses Thema gewählt unter dem Eindruck der Attentate vom 11. September und des Krieges in Afghanistan. Unter den Fragen, die wir zu Beginn unserer gemeinsamen Arbeit gesammelt haben, waren z.B. solche wie: Warum bringen Leute sich eigentlich gegenseitig um? Haben manche Menschen einen Drang zum Töten? Was kann man gegen das Töten tun? Ist Beihilfe auch Töten? Ist es gerechtfertigt zu töten, auch wenn es ein »Notfall« ist? Warum werden meistens unschuldige Menschen getötet? Könnte ich jemanden töten?

Einige von euch haben Zeitungsartikel aus den vergangenen Wochen ausgewertet und festgestellt: Das Thema Töten und Gewalt kommt jeden Tag ein paar Mal vor – und zwar nicht nur in Form von Krieg und Terror und Selbstmordattentaten. Da gibt es Brutalität in der Familie und tödliche Unfälle, die durch Leichtsinn verursacht werden. Da gibt es Gewalt auf dem Schulhof, Überfälle und Raubmord und auch Menschen, die für ein tatsächliches oder vermeintliches Unrecht hingerichtet werden. Einiges davon war eben in eurer Nachrichtensendung zu hören.

Und auch wenn wir selber diese Gewalt ablehnen – wir kennen das alle, wie sich Wut hochschaukeln kann. Aus einem kleinen Anlass, aus einer vorübergehenden schlechten Laune kann ein Riesenkrach werden. Jeder lässt seinen Ärger am Nächstschwächeren aus – das kam in eurem Rollenspiel eindrucksvoll zum Ausdruck.

Wie entsteht Gewalt? Wie kommen Menschen dazu, sich gegenseitig etwas anzutun – mit Worten, aber auch mit Handgreiflichkeiten bis hin zum Mord? Und wie kann man die Spirale der Gewalt stoppen?

In der Bibel stehen ganz am Anfang einige Geschichten, die versuchen, auf grundsätzliche Menschheitsfragen zu antworten. Eine davon habt ihr eben vorgelesen und dargestellt: Die Geschichte von Kain und Abel, vom ersten Mord der Menschheitsgeschichte. Allerdings geht es da nicht um ein einmaliges historisches Ereignis, sondern der Erzähler will vielmehr sagen: So geht es auf der Welt zu. Ein Mensch bringt den anderen um und macht auch vor dem eigenen Bruder nicht Halt.

Das ist genau das, was wir jeden Tag sehen und hören – in den Nachrichten aus aller Welt, aber auch in unseren eigenen vier Wänden. Die Geschichte hält uns sozusagen einen Spiegel vor. Die einen sind Opfer, und die anderen Täter. Die Schwachen werden niedergedroschen, und die Starken kommen davon. Wie du mir, so ich dir. Die Geschichte von Kain und Abel ist die Geschichte der Menschheit.

Aber: Muss es so bleiben? Können wir gar nichts tun gegen den Kreislauf von Gewalt? Doch – denn die Geschichte von Kain und Abel ist zugleich eine Hoffnungsgeschichte. Indem sie erzählt, wie es zwischen den Menschen zugeht, gibt sie zugleich auch einige Hinweise darauf, wie es unter uns anders zugehen könnte.

Woher kommt eigentlich die Gewalt in dieser Geschichte, der tödliche Wutausbruch von Kain? Der Erzähler sagt: »Der Herr blickte freundlich auf Abel und sein Opfer, aber Kain und sein Opfer schaute er nicht an.« Das ist wirklich ungerecht! Viele kluge Menschen haben versucht, irgendwie zu erklären, warum der eine Bruder Erfolg hat und der andere nicht. Der Erzähler selber schweigt sich allerdings darüber aus. Er beschreibt ganz einfach, was wir alle täglich erleben: Den einen geht es immer gut, die fallen immer auf die Füße. Denen gelingt alles. Oft brauchen sie sich nicht einmal groß anzustrengen. Und die anderen rackern sich ab von früh bis spät und kommen trotzdem auf keinen grünen Zweig.

Kain leidet darunter, dass Gelingen und Glück so willkürlich und ungerecht verteilt sind. Und darunter leiden wir doch auch. Wie oft fragen sich Menschen: Warum geht bei mir immer alles daneben? Warum schaffen andere die Schule so mühelos? Warum kommen andere so leicht zu Geld und Wohlstand? Warum häufen sich in unserer Familie Krankheiten und Unglücksfälle?

Kains Problem ist auch unser Problem. Auch bei uns gibt es Gewinner und Verlierer – und das löst eine Spirale von Neid und Eifersucht, Hass und Gewalt aus.

In unserer Geschichte durchbricht Gott diese Spirale. Er hat gemerkt, dass Kain verbittert ist, und er spricht ihn an: »Warum wirst du zornig? Auch wenn dich böse Gedanken überkommen – du musst dich nicht von ihnen beherrschen lassen. Du kannst auch anders! Du musst deiner Wut nicht nachgeben!«

Das heißt doch: Wenn ich im Leben nicht alles kriege, was ich möchte, wenn es anderen besser geht als mir – dann ist das keine Entschuldigung für gewalttätiges Verhalten. Auch wenn ich mich vom Leben ungerecht behandelt fühle – für das, was ich aus meinem Leben mache, trage ich allein die Verantwortung. Nicht für alles, was mir zustößt, sind die anderen verantwortlich – etwa meine Eltern, mein Ehepartner oder die allgemeinen sozialen Umstände. Egal, welche Startchancen ich habe – ich kann

etwas aus meinem Leben machen – das mutet Gott mir zu – das traut er mir aber auch zu.
Gott warnt Kain davor, sich in seine negativen Gefühle, in seinen Frust (wie wir heute sagen würden) zu verbeißen. »Heb deinen Kopf frei empor«, sagt er ihm. Und wenn Kain sich tatsächlich umgeblickt hätte, dann hätte er vielleicht gemerkt, dass es gut wäre, mit jemandem zu reden. Oder Abel hätte gemerkt, was sich da in seinem Bruder zusammenbraut. Wie ist das bei uns? Merken wir, wenn sich ein Familienangehöriger, eine Nachbarin verändert, wenn sich das Unglück bei jemandem in der Seele einnistet? Kriegen wir mit, was mit unseren Kindern los ist, wenn sie aus der Schule kommen? Nehme ich wahr, wenn mein Mann, meine Frau etwas auf dem Herzen hat? Und nehme ich mir die Zeit, um nachzufragen?
Und dasselbe müssen wir uns im politischen Bereich fragen: Merken wir, wo sich eine Krise zusammenbraut, weil Gruppen in unserer Gesellschaft sich ungerecht behandelt fühlen? Nehmen wir ernst, was für ein Sprengstoff darin liegt, wenn ganze Völker erleben, wie sie von der Weltwirtschaft abgehängt werden? Ich denke, es ist für uns alle lebenswichtig, dass wir lernen, aufeinander zu achten und uns in andere hineinzuversetzen.
Die Wut, die Kain in sich aufgestaut hat, entlädt sich im Mord an seinem Bruder. Umgehend wird Kain zur Rechenschaft gezogen und bestraft. Allerdings: Er wird nicht vernichtet. Es gibt keine Todesstrafe für den Mörder. Gott unterbricht den Kreislauf von Rache und Vergeltung. Er macht Kain ein Zeichen auf die Stirn, damit jeder weiß: Dieser Mensch steht unter Gottes Schutz.
In unserer Darstellung haben wir als Zeichen für Kain das Kreuz gewählt. Denn für Christen und Christinnen ist das Kreuz ein Zeichen für Vergebung und Frieden. Das Kreuz drückt aus: Die Spirale von Gewalt und Gegengewalt ist ein für alle Mal beendet durch Jesus, der auf Hass und Gewalt mit Liebe geantwortet hat.
Einige Worte Jesu haben wir eben als Lesung gehört, z.B.: »Wenn dich einer auf die rechte Backe schlägt, dann halte ihm auch die linke hin.« Oder: »Liebt eure Feinde und betet für die, die euch verfolgen.«
Ich habe euch neulich im Unterricht eure Meinung dazu aufschreiben lassen. Zunächst habe ich euch gefragt: »Hältst du diese Gebote Jesu für vernünftig? Welchen Sinn könnten sie haben?« Da kamen heftige Reak-

tionen von euch: »Das ist Schwachsinn. Man muss sich doch irgendwie wehren. Man darf sich ja nicht alles gefallen lassen. Und die Beherrschung hat man auch nicht immer. Es gibt keinen Menschen auf der Welt, der diese Gebote perfekt befolgen kann. Es liegt nicht in der menschlichen Natur, sich wissentlich Gewalt auszusetzen. Wenn jemand heute jemandem auf die rechte Backe schlägt und man ihm dann die linke hinhält, findet er Gefallen daran. Ich finde, dass man sich wehren darf, aber man soll nicht anfangen, jemanden zu schlagen oder zu beschimpfen.« So weit eine Auswahl aus euren Antworten.

Ich vermute, die meisten von uns Erwachsenen hätten ähnlich geantwortet. Was Jesus da sagt, ist wirklich eine Herausforderung – das können wir nicht so ohne Kommentar hinnehmen. Gleichzeitig spüren wir aber vielleicht auch, dass wir an diesen Worten nicht einfach so vorbeigehen und sie zu den Akten legen können. Denn in ihnen scheint etwas auf von einer ganz anderen Wirklichkeit als der, die uns täglich umgibt.

Ich habe euch neulich gesagt: Bei sperrigen oder ärgerlichen Bibelworten hilft es manchmal, wenn wir uns vorstellen, es stünde genau das Gegenteil dort. Deshalb habe ich euch gebeten, einmal mit euren eigenen Worten einen »Anti-Text« zu diesen Geboten Jesu zu schreiben, also einen Text, in dem genau das Gegenteil steht. Das hörte sich bei euch dann so an:

»Du sollst körperliche und seelische Gewalt anwenden, wo auch immer du es für nötig hältst. Wenn dich einer anmacht, dann mach ihn fertig. Wehr dich und lass dir nichts gefallen. Wenn dich jemand schlägt, dann schlag sofort zurück, aber doppelt so stark. Zeig, dass du der Stärkere bist. Rechne mit deinem Gegner ab. Wenn man sauer auf einen ist, dann sollte man ihn töten dürfen. Wenn dein Feind dich schlägt, so hol dir Verstärkung und schlag auf ihn ein, denn der, der angefangen hat, hat es verdient. Steigert euch immer weiter in den Hass gegen eure Feinde hinein. Übe Rache und verachte deine Feinde auf ewig. Aber am wichtigsten ist, dass du niemals vergibst.«

Wir merken es sofort: Das ist eine furchtbare Welt, die da am Horizont aufsteigt, eine Welt, in der Hass und Gewalt und Vergeltung regieren. Wer von uns möchte schon in einer solchen Welt leben?! Von daher erscheint das, was Jesus hier sagt, in einem anderen Licht, und das habt ihr Jugendlichen auch erkannt. Selbst diejenigen von euch, die

Jesu Gebote unvernünftig fanden, konnten einen tieferen Sinn dahinter erahnen.
Ihr habt z.B. geschrieben: »Jesus wird sich schon etwas dabei gedacht haben. Diese Gebote sollen Menschen davon abbringen, aggressiv zu sein. Gewalt fängt schon mit Wut und Beschimpfungen an. Wahrscheinlich meint Jesus, dass man auch mal darüber nachdenken sollte, ob man nicht selber etwas falsch gemacht hat. Jesus möchte erreichen, dass wir nicht gleich zurückschlagen, weil sonst noch mehr Feindschaft untereinander ausbricht. Vielleicht führt so ein Verhalten dazu, dass auch der Schläger einsieht, dass es sinnlos ist, jemand anderen zu schlagen. Jeder Mensch soll eine Chance haben, sich zu verbessern. Langsam würde man abrüsten.«
So weit eure Aussagen – und ich habe den Eindruck: Ihr habt schon ein bisschen gemerkt, dass das Gebot »Du sollst nicht töten« nur ein erster Schritt auf dem Weg zu einem gewaltfreien Miteinander der Menschen ist. Was Jesus hier so schroff und scheinbar übertrieben sagt, das zeigt uns, worauf es im Zusammenleben ankommt: dass wir kleine Schritte tun, dem anderen Menschen ein Stück weit entgegenkommen, nicht immer nur auf unser Recht pochen.
Den Feind lieben heißt nicht, dass ich meinen Gegner plötzlich sympathisch finden muss, sondern dass ich in ihm den Menschen sehe, dass ich mich hineinversetze in seine Situation, in seine Ängste und in seine Wünsche und ihn zu verstehen suche. Den Feind lieben heißt nicht, dass ich mich bei ihm anbiedere oder mich ihm unterwerfe. Aber es heißt, dass ich erkenne, dass er ein ebenso verletzlicher Mensch ist wie ich selbst. Den Feind lieben, das meint: Ich denke über die Feindschaft hinaus und vertraue darauf, dass Feindschaft nicht bleiben muss und dass Streit sich beenden lässt.
In dem, was Jesus hier sagt, geht es nicht um ein Patentrezept für alle Lebenslagen, sondern darum, dass wir lernen, im Geist der Liebe und der Friedfertigkeit miteinander umzugehen. Gott lässt seine Sonne aufgehen über Böse und Gute und lässt regnen über Gerechte und Ungerechte, sagt Jesus. Gott liebt alle Menschen, meine Feinde ebenso wie mich – und wir alle sind eingeladen, in dieses Kraftfeld der Liebe einzutreten. Amen.

Lied: Herr, gib mir Mut zum Brückenbauen (EG 669 Westfalen)

Abkündigungen

Lied: Es kommt die Zeit (in: Thuma Mina, Basileia-Verlag Basel, 1995 Nr. 259)

Schlussgebet
Pfarrerin: Am Ende unseres Gottesdienstes wollen wir noch miteinander beten. Im Unterricht haben wir dazu Gedanken zusammen getragen. Wir stehen zum Beten auf.
(1) Gott, wir danken dir, dass wir keinen Hunger leiden müssen,
dass wir gesund sind und gut leben können.
Wir danken dir, dass du da bist, wenn wir dich brauchen.
Wir danken dir für all das, was du für uns tust.
(2) Gott, heute denken wir an Menschen, die es schlechter haben als wir:
Menschen, die hungern müssen, weil in ihrer Heimat Krieg und Armut herrscht;
Menschen, die kein Dach über dem Kopf haben oder die keine Ausbildung bekommen können;
Menschen, die Probleme haben und sich schämen, weil sie Hilfe brauchen;
Menschen, die nicht lieben können;
Menschen, die schwer krank sind oder im Sterben liegen,
Menschen, die um einen anderen trauern.
(3) Gott, gib uns die Kraft, um Bedürftigen zu helfen,
und den Mut, uns für Schwächere einzusetzen.
Hilf uns, Krankheiten, Krieg und Hungersnöte zu bekämpfen.
Zeig uns Wege, wie wir mit dem Terror fertig werden können
und wie wir auf der Welt Frieden halten können.
Zeig uns, wie wir das Leben für alle lebenswert machen können.
(4) Gott, am Ende möchten wir auch für uns selbst bitten.
Gib uns den Mut, über Probleme zu reden.
Gib uns die Kraft, um zu verwirklichen, was wir uns für unsere Welt erhoffen
und was wir uns vorgenommen haben.
Hilf uns, dass wir gesund bleiben, und beschütze uns.
Pfarrerin: Gemeinsam beten wir, wie Jesus Christus uns gelehrt hat: Vater unser …

Lied: Herr, wir bitten, komm und segne uns (EG 607 Westfalen)

Segen und Musik

Schlüssel-Erlebnis Taufe

Taufgottesdienst mit der Konfi-Gruppe

Monika Paetzholdt

Voice event: »Joyful«

Begegnung
Von weit her komme ich heute zu euch. Hinter mir liegen nicht nur viele Kilometer. Hinter mir liegen 2000 Jahre. In der Bibel bin ich der erste Ausländer, der getauft wird. Für mich war das ein aufregendes und zugleich einschneidendes Erlebnis. Davon will ich euch erzählen:
Von Beruf bin ich Kämmerer. Verantwortlich für die Staatsfinanzen. Meine Heimat ist Nubien, der heutige Sudan. Ich habe es zu etwas gebracht in meinem Leben. Ich kann mir vieles leisten. Ich werde bewundert und umschmeichelt. Von manchen auch gefürchtet. Irgendwann habe ich gemerkt, dass ich nicht mehr zufrieden bin. Alles haben, von vielen bewundert werden – das kann nicht alles sein. Immer deutlicher habe ich in mir den Wunsch gespürt, in meinem Leben noch einen anderen Akzent zu setzen.
Es hat eine ganze Weile gedauert, bis ich mich getraut habe, das Gewohnte hinter mir zu lassen und eine Reise zu machen. Als Reiseziel habe ich Jerusalem gewählt – für einen Finanzminister aus Nubien ein ungewöhnliches Ziel. Doch mit diesem Ziel war für mich eine Hoffnung verbunden: Ich wollte herausfinden, ob der Gott, den fromme Juden als Quelle ihres Lebens verehren, auch für mich so etwas wie eine Lebens-

quelle werden könnte, aus der ich neue Kraft und eine Perspektive für mein Leben schöpfen kann.
Eine ganze Zeit lang habe ich in Jerusalem gelebt. Ich habe mir aus den alten Schriften vorlesen lassen, habe zugehört, nachgefragt und dabei manches entdeckt, was mich sehr nachdenklich gemacht hat. Schließlich habe ich mir eine Schriftrolle von Jesaja, einem großen Profeten, gekauft. Mit dieser Rolle im Reisegepäck bin ich nach Nubien aufgebrochen. Unterwegs habe ich angefangen zu lesen. Verstanden habe ich so gut wie gar nichts.
Zum Glück ist mir einer über den Weg gelaufen, der mir weiterhelfen konnte. Er stand am Straßenrand und wollte ein Stück mitfahren. Wir sind ins Gespräch gekommen. Ich habe ihm von meiner Arbeit und von meinem Leben in Nubien erzählt. Natürlich auch von meinem Aufenthalt in Jerusalem. Er hat zunächst nur zugehört. Das hat mir gut getan. Dann hat er mir ganz viel erklärt, was ich beim Lesen in der Schriftrolle allein nie verstanden hätte. Dabei habe ich von der Gemeinschaft der Christen erfahren, zu der mein Reisebegleiter gehörte. Er hat von Jesus erzählt, dessen Name diese Gemeinschaft trägt. Ihn haben ganz unterschiedliche Menschen als Quelle für ihr Leben entdeckt. Er hat sie akzeptiert mit ihren Fragen, mit ihren Zweifeln, mit ihrer Schuld, mit ihrer Sehnsucht nach Veränderung. Er hat vielen die Kraft zu einem neuen Anfang geschenkt. Er hat den Rücken gestärkt für eigene – manchmal auch ungewöhnliche – Entscheidungen.
Das hat mich fasziniert. Zu diesem Jesus, zu dieser Gemeinschaft der Christen wollte ich auch gehören. Ich war ganz erstaunt, dass mein Reisebegleiter überhaupt kein Problem damit hatte, mich in diese Gemeinschaft aufzunehmen, wo ich doch ein suchender und noch ganz unsicherer Mensch war. An einer Wasserstelle sind wir ausgestiegen. Mein Reisebegleiter – er hieß übrigens Philippus – hat mir Wasser über den Kopf gegossen und meinen Namen mit dem Namen Gottes und dem Namen von Jesus verbunden.
Für mich war das ein ganz einschneidendes Erlebnis: Mir ist klar geworden, dass ich auch als suchender Mensch meinen Platz in der großen Gemeinschaft der Getauften habe, dass ich mit meiner Unsicherheit, mit meinen Hoffnungen und Sehnsüchten von Gott angenommen bin. Die Taufe ist für mich eine Quelle geworden, aus der ich ganz viel schöpfen kann: Kraft, wenn ich mich müde und ausgepumpt fühle. Mut zu unge-

wöhnlichen – manchmal auch unbequemen – Entscheidungen in meinem Beruf. Rückenstärkung für einen eigenen Weg, der sich nicht nur an dem orientiert, was ankommt. Das Wissen, dass ich mit vielen anderen zu einer großen Gemeinschaft gehöre, in der ich mich getragen fühle und meinen besonderen Platz finden kann.
Philippus – mein Reisebegleiter – ist nicht mit mir nach Nubien gegangen. Er hatte einen anderen Auftrag. Aber was er mir in der Taufe mit auf den Weg gegeben hat, hat aus mir einen Menschen gemacht, der seine Straße mit neuer Energie, mit ganz viel Schwung und einem guten Selbstvertrauen ziehen konnte.

Begrüßung

Die Taufe – ein Schlüsselerlebnis. Der Kämmerer aus Nubien entdeckt, dass er als suchender und noch ganz unsicherer Mensch von Gott angenommen ist. Er findet im Wasser der Taufe die Quelle seines Lebens: Jesus. Er erfährt, dass er mit vielen anderen zu einer großen Gemeinschaft gehört, die ihn trägt, die er mitgestalten kann. So kann er die Straße seines Lebens fröhlich ziehen. Die Taufe des Kämmerers ist ein Schlüssel zu unserm Taufgottesdienst heute Morgen:
Ganz herzlich begrüße ich alle, die die Taufe von Kevin, Rosa und Janna mitfeiern: Euch Jugendliche aus der Konfi-Gruppe, die Eltern, Geschwister, Verwandte, Freundinnen/Freunde, die mitgekommen sind, alle, die sonntags einfach da sind, weil ihnen der Gottesdienst wichtig ist. Besonders freue ich mich über den Chor Voice event, der unserm Taufgottesdienst die besondere Note gibt. Herzlichen Dank Christian Geugelin und allen, die singen.
Durch seine Taufe ist dem Kämmerer aus Nubien aufgegangen, dass Gott ihn auf der Straße seines Lebens begleitet. Ob wir mit ihm zusammen die Spuren finden, die Gott auf unsern Lebensstraßen hinterlässt? Wir haben Gottes Spuren festgestellt ... vom Lied 665 singen wir die 1. und die 3. Strophe.

Lied: Wir haben Gottes Spuren festgestellt EG 664 (Baden, Pfalz)

Votum

Gottes Spuren auf unsern Menschenstraßen – in der Taufe hinterlässt Gott eine ganz wichtige und deutliche Spur in unserm Leben, die durch nichts verwischt werden kann. Von Martin Luther sind die Worte überliefert: Am Glauben kann man zweifeln, an der Taufe nicht! In Zeiten des Zweifels und der Unsicherheit hat er sich immer wieder an seine Taufe erinnert und daraus Kraft zu einem vertrauensvollen Leben geschöpft. Lassen wir uns durch die Taufe von Kevin, Rosa und Janna an unsere Taufe erinnern oder zur Taufe einladen mit den Worten, die mit dem Wasser verbunden sind: Im Namen des Vaters und des Sohnes und des Heiligen Geistes. Amen.

Gebet

Lasst uns vor Gott still werden und beten:
Gott, in der Taufe hinterlässt du deine Spur auf der Straße unseres Lebens. Du rufst uns beim Namen. Bei dir hat jede und jeder einen besonderen Wert. Vor dir brauchen wir uns nichts vormachen. Du nimmst uns an mit unsern Stärken und mit unsern Schwächen. Du bestärkst uns, ehrlich mit uns und miteinander umzugehen. Im Wasser der Taufe fließt dein Segen in uns hinein. Kraft für vielfältige Herausforderungen, vor denen wir als Jugendliche und Erwachsene stehen. Mut zu klaren – manchmal auch unbequemen – Entscheidungen. Vertrauen in Zeiten des Zweifels und der Unsicherheit. Auch als suchende Menschen haben wir unsern Platz in deiner Gemeinde. Jede und jeder ist wichtig mit den Talenten, die du uns anvertraut hast. Gott, wir bitten für Kevin, Rosa, Janna und für uns: Lass die Taufe zu einer Lebensquelle werden, aus der wir schöpfen können, die uns hilft, neu anzufangen, die uns Energie und Schwung gibt, wenn wir müde und lustlos werden auf der Straße unseres Lebens. Amen.

Voice event: »Life is a dream an' heaven is reality ...«
Das Leben ist ein Traum und der Himmel ist die Realität, die Wirklichkeit ...

Taufe – ein Schlüssel zu uns

Die Taufe – ein Schlüsselerlebnis. Was wir im Konfirmationsunterricht in den letzten drei Wochen entdeckt haben, verbinden wir heute mit drei Schlüsseln, die wir im September auf unserer Konfi-Tür befestigt haben:

(Lisa, Simone, Sarah, Juliane)
Fürchte dich nicht, ich habe dich befreit! Ich habe dich bei deinem Namen gerufen: Du gehörst zu mir.
Bei der Taufe wird unser Name genannt. Wir werden persönlich angesprochen. Wir sind mehr als die Nummer, mit der wir beim Standesamt registriert sind. Wir werden als Persönlichkeit wahrgenommen mit allem, was zu uns gehört. Wir werden angenommen mit den Stärken, die wir toll finden, mit unsern Schwächen, die wir manchmal gern verstecken. Vor Gott können wir unsere Masken ablegen, mit denen wir uns manchmal tarnen. Ob wir das auch voreinander können? In der Klasse, in der Konfi-Gruppe, in der Familie ...?
Das Selbstgespräch eines Maskierten hat uns dazu angeregt, über unsere Masken nachzudenken. Gedanken aus dem Selbstgespräch verbinden wir mit dem, was wir selber entdeckt haben:
Überhaupt, man kommt ja gar nicht umhin, sich eine Maske anzulegen. Da ist es einem zum Heulen zumute – geht nicht. Wäre ja sentimental. Ein andermal könnte ich zerspringen vor Lachen. Aber es schickt sich nicht, wäre kindisch und unpassend.
Vor Wut möchte ich meinem Vater eine runterschlagen, stattdessen lege ich höflich mein Gesicht in Falten. Ich möchte schließlich was erreichen. Manchmal bin ich zuvorkommend und nett zu einem Lehrer, den ich liebend gern auf den Mond schießen möchte ...
Es ist einfach besser, eine Maske zu haben, hinter der man sich verstecken kann. Da kommen die andern nicht so schnell dahinter, wie unsicher man ist ... Und noch einen Vorteil hat die Maske: Man kann sie schnell wechseln ... Ich kann mir schön zurechtlegen, wie ich wirken will ... und komme dann viel besser an ... Das mit dem eigenen Gesicht ist manchmal einfach zu riskant ...
Masken – Ich trage eine Maske, wenn ich imponieren will, wenn ich im Mittelpunkt stehen will. Manchmal brauche ich in einer Gruppe die coole Maske, nur so habe ich die Chance, dazuzugehören. Wie unsicher ich in Wirklichkeit bin, ist dann unwichtig. Ich bin traurig, verletzt, enttäuscht. Doch niemand soll davon etwas merken. Lieber tarne ich mich, als ob ich ein ganz dickes Fell hätte. Manche Leute haben zwei Gesichter: Bist du mit ihnen allein, sind sie nett und freundlich. Triffst du sie in einer Clique mit anderen, kennen sie dich nicht. Der Gruppendruck kann so groß werden, dass ich mich nicht mehr traue, zu meiner Meinung zu stehen. Ich mache mit.

Masken – manchmal geht es vielleicht gar nicht anders. Manchmal brauchen wir sie auch zu unserm Schutz. Doch hoffentlich gelingt es uns immer wieder, ohne Masken zu leben, unser wahres Gesicht zu zeigen.

Masken – Wir legen sie ab, wenn wir allein sind oder wir mit etwas beschäftigt sind, was uns ganz viel Spaß macht. Wir legen sie ab, wenn wir in einer Gruppe eine offene, ehrliche Atmosphäre spüren, wenn wir uns verstanden fühlen. Wir legen sie ab, wenn wir uns darauf verlassen können, dass jemand für sich behält, was wir ihm/ihr anvertrauen. Wir legen sie ab, wenn wir spüren: Andere interessieren sich wirklich für uns. Wenn Gefühle so stark werden, dass wir uns nicht mehr beherrschen können, verlieren wir Masken: Wenn ich ganz traurig bin. Wenn ich total verliebt bin. Wenn ich eine Stinkwut habe. Die Gemeinde sollte ein Ort sein, wo Masken keine Rollen spielen.

Wer bin ich? – Mit den Masken, die ich manchmal trage. Ohne meine Masken. Ein kleiner Ausschnitt aus einem Gedicht von Dietrich Bonhoeffer – entstanden in der Gestapohaft 1944 – drückt aus, was durch die Taufe wichtig wird:

Wer bin ich?
Sie sagen mir oft, ich träte aus meiner Zelle
gelassen und heiter und fest wie ein Gutsherr aus seinem Schloss.
Wer bin ich?
Sie sagen mir oft, ich spräche mit meinen Bewachern
frei und freundlich und klar, als hätte ich zu gebieten.
Bin ich das wirklich, was andere zu mir sagen?
Oder bin ich nur das, was ich selbst von mir weiß?
Unruhig, sehnsüchtig, krank, wie ein Vogel im Käfig ...
Bin ich denn heute dieser und morgen ein anderer?
Bin ich beides zugleich?
Vor Menschen ein Heuchler und vor mir selbst ein ... wehleidiger Schwächling?
Wer bin ich?
Einsames Fragen treibt mit mir Spott.
Wer ich auch bin, du kennst mich,
dein bin ich, o Gott.

Lied: Vergiss es nie ... (Gottesdienstbuch »Wir träumen eine Kirche«, Verlag Junge Gemeinde)

Taufe – ein Schlüssel zu Gott
Der Kämmerer aus Nubien entdeckt in der Taufe seine Lebensquelle. Was wir zu dieser Quelle herausgefunden haben, steht auf den Wassertropfen, die hier im Altarraum hängen. Hören wir, was das Wasser der Taufe mit unsern ganz alltäglichen Erfahrungen zu tun hat.

(Marc, Max, Leoni, Hanna, Andi und Marcel)
Wasser hat reinigende Kraftwirkung. Das Taufwasser erinnert uns daran, dass Gott uns die Kraft schenkt, mit uns selber und mit anderen immer wieder ins Reine zu kommen, etwas zu bereinigen, was schief gegangen ist. Manchmal können wir uns selber nicht ausstehen – warum wissen wir eigentlich gar nicht. Ich streite mich mit einem Freund/einer Freundin. Wenn es gelingt, offen miteinander zu reden, ist die Sache oft ganz schnell bereinigt. Doch manchmal fällt der erste Schritt auch sehr schwer. Manchmal bauen wir eben Mist. Ob wir die Entschuldigung schaffen, die nötig ist? Ab und zu gibt es Zoff mit den Eltern. Hoffentlich gelingt es immer wieder, aufeinander zu hören, einander zu achten und ernst zu nehmen, auch wenn wir Dinge ganz verschieden sehen. Da rutscht mir eine blöde Bemerkung raus. Ich beleidige jemand. Es tut mir Leid. Finde ich die richtigen Worte, die eine Verletzung bereinigen? Manchmal reagieren wir zu schnell, zu heftig. Schön wär's, wenn wir bereinigen können, was (vielleicht) ganz falsch angekommen ist.
Wasser hat Leben spendende, erfrischende Kraft. Nur wo Wasser ist, kann sich Leben entfalten. Das Taufwasser erinnert uns daran, dass Gott uns den Mut schenkt, einfach mal was auszuprobieren, zu entdecken, was an Talenten in uns schlummert. Manchmal brauchen wir auch den Mut, kritisch zu sein. Zu entscheiden, was wir wollen. Da gibt es »Bilder«, denen wir entsprechen müssen oder sollen oder wollen: Du musst eine gute Figur haben! Du musst sportlich und topfit sein! Du musst dir was leisten können! Du musst Markenklamotten tragen! Du musst ein tolles outfit haben! Du musst mitmachen, was die anderen toll finden, damit du dazu gehörst rauchen, Alk trinken ... Wir wünschen uns: Freundinnen/Freunde, mit denen wir vieles besprechen können Ein gesundes Selbstvertrauen. Eine Gruppe, in der wir gut aufgehoben sind. Zeit, in

Ruhe über etwas nachzudenken und eine Entscheidung zu treffen. Mut zu einer eigenen Meinung, auch wenn andere sie »un-cool« finden.
Wasser kann bedrohlich sein. Es kann zerstören. Das Taufwasser erinnert uns daran, dass es auf jedem Lebensweg bedrohliche Situationen gibt: Ängste, schlimme Erfahrungen. Es erinnert uns aber auch an den Segen von Gott: Er stärkt uns den Rücken, damit wir auch mit Bedrohlichem, mit Ängsten umgehen können.
Rückenstärkung tut gut, wenn ich mich klein fühle, weil jemand mich ärgert, mich fertig macht. Rückenstärkung brauche ich, wenn ich eine Entscheidung zu treffen habe und unsicher bin. Rückenstärkung ist nötig, damit ich auch mal gegen den Strom schwimmen kann. In der Schule geht alles schief. Ich schreibe schlechte Noten. Hoffentlich stärkt mir jemand mein Selbstvertrauen. Ich fühle mich einer Aufgabe nicht gewachsen. Ich wünsche mir die Erfahrung, dass jemand für mich einsteht. Ich brauche Hilfe, um mich und meine Grenzen zu akzeptieren. Ich kann mich selber nicht ausstehen. Ich brauche Zuwendung, in der ich ernst - und angenommen werde. Manchmal muss ich selber auch etwas wollen. Mutig eine Sache anpacken.

Lied: Alle meine Quellen entspringen in dir (Wenn Himmel und Erde sich berühren, Lieder für Firmenliturgien, Gütersloher Verlagshaus 1993)

Taufe

Ströme von lebendigem Wasser brechen hervor ... Dieses lebendige Wasser schenkt Gott euch dreien – Kevin, Rosa, Janna – in eurer Taufe. Es ist verbunden mit seinem Segen für die Straße eures Lebens. In den Segenswünschen, die Hannah, Marisa und Tini mit euerm Taufwasser verbinden, hört und erfahrt ihr, was Gott euch schenkt:

Taufhandlung
(Wasser in die Schale gießen – Wünsche damit verbinden)
Lasst euch taufen mit dem Wasser des Segens von Gott: Kevin, Rosa, Janna ...
Du hast bei Gott einen Namen.
Du bist wertvoll und wichtig.

Was er in dich hineingelegt hat, kannst du entdecken und entfalten.
Er begleitet dich auf der Straße deines Lebens.
Du kannst bereinigen, was schief geht.
Du kannst dich ihm anvertrauen, wenn dir das Wasser bis zum Hals steht.
Du kannst fröhlich und gelassen sein, das Leben in seiner bunten Vielfalt genießen.
Zusammen mit vielen Getauften gehörst du zu seiner Gemeinde. Amen.

Tauferinnerung
Zur Erinnerung an die Taufe zünden alle Konfirmandinnen und Konfirmanden eine Kerze an den Taufkerzen von Kevin, Rosa und Janna an.

Bekenntnis
Der Kämmerer von Nubien ist im Glauben keineswegs fest gewesen, als er getauft wurde. Er war auf der Suche. Seine Taufe hat ihn bestärkt, weiter zu suchen, in den Glauben hineinzuwachsen. Wir haben miteinander ein Bekenntnis formuliert, das nichts Abgeschlossenes ist. Aber zum Ausdruck bringt, wo Kevin, Rosa und Janna im Augenblick stehen:

(Wechselnde Stimmen:)
(1) Bei der Taufe wird unser Name genannt. Wir erfahren, wer wir sind: Wir haben bei Gott einen Namen, bevor wir uns einen Namen machen können. Wir können auf unsere Stärken stolz sein und zu unsern Schwächen stehen. Wir brauchen uns nicht hinter einer Maske verstecken, um uns und anderen etwas vorzumachen. Unsere Taufe bestärkt uns, ehrlich mit uns und miteinander zu sein. (umzugehen) Sie hilft uns, das zu entdecken und zu entfalten, was Gott uns gegeben hat.

(2) Wir werden mit Wasser getauft. Das Wasser der Taufe erinnert uns daran, dass wir mit Gott und mit Jesus verbunden sind, der für viele zur Quelle eines neuen Lebens geworden ist. Aus dieser Quelle können wir schöpfen, um mit uns selber ins Reine zu kommen, wenn etwas schief gegangen ist, wenn wir uns selber nicht ausstehen können. Diese Quelle gibt uns die Kraft, miteinander Konflikte zu bereinigen und neu anzufangen.

(3) Aus dieser Quelle können wir schöpfen, wenn wir für uns nach dem richtigen Weg suchen. Vieles macht uns neugierig. Wir wollen manches

ausprobieren. Grenzen austesten. Das Leben in seiner Vielfalt entdecken. Manchmal brauchen wir den Mut, kritisch zu sein, um herauszufinden, was wir wollen und was andere aus uns machen wollen.

(4) Aus dieser Quelle können wir schöpfen, wenn uns das Wasser bis zum Hals steht: Wir werden fertig gemacht. Wir haben Angst. Wir werden enttäuscht. Ein Zukunftstraum wird zerstört. In der Taufe wird uns der Rücken gestärkt. Wir lernen mit Angst und Enttäuschung zu leben.

Voice event: »You are the light ... Du bist das Licht« singt uns der Chor: Die Osterkerze, an der ich die Taufkerzen angezündet habe, steht für dieses Licht: Christus, der von sich sagt: Ich bin das Licht der Welt. Das Licht der Taufkerzen erinnert uns daran, dass wir zu Lichtern werden können: Ihr seid das Salz der Erde. Ihr seid das Licht der Welt.

Taufe – ein Schlüssel zur Gemeinde

Durch unsere Taufe sind wir mit vielen unterschiedlichen Menschen verbunden. Wir gehören zu einer Gemeinde. Wir wünschen uns, dass wir unseren Platz finden und Menschen, die uns zuhören, die für uns da sind. Wir hoffen auf offene Türen und wollen Türen für andere öffnen.

Die Tür zur Gemeinde steht allen offen. Niemand wird danach gefragt, ob er oder sie schon getauft ist. Durch die Taufe erschließt sich für Kinder, Jugendliche und Erwachsene Gemeinde noch einmal neu. Was das bedeuten kann, haben wir in einem Abschnitt im 1. Korintherbrief entdeckt: Der Körper des Menschen ist einer und besteht doch aus vielen Teilen. Aber all die vielen Teile gehören zusammen und bilden einen unteilbaren Organismus. So ist es auch mit Christus: mit der Gemeinde, die sein Leib ist. Ihr alle seid zusammen der Leib von Christus, und als Einzelne seid ihr Teile an diesem Leib. So hat Gott in der Gemeinde allen ihre Aufgabe zugewiesen.

Gemeinde ist mehr als ein Zusammenschluss von Gleichgesinnten, von Menschen, die sich sympathisch finden. Sie wird von Gott wie ein lebendiger Organismus zusammengefügt. In der Taufe werden wir ein Teil dieses Organismus – lebendige Glieder am Leib Christi, die mit dem, was sie können, unverzichtbar sind. Ihr drei – Kevin, Janna, Rosa – habt ganz unterschiedliche Talente. Und wenn ich mir die Konfi-Gruppe anschaue, entdecke ich eine bunte Vielfalt. Als Taufgemeinde sind wir heute bunt und vielfältig. Jede/jeder hat ein anderes Talent. Lebendig ist unsere Matthäusgemeinde – der Leib Christi – dort, wo sich alle mit ihrem Talent einbringen, sich als Körperteil an diesem Leib entdecken:

Fürbitten

Unsere Gemeinde braucht Augen, die genau hinsehen, was Kinder, Jugendliche und Erwachsene bewegt. Hoffentlich gelingt es immer wieder, hinter allem Vordergründigen das zu entdecken, was in einem andern Menschen steckt und einander in aller Unterschiedlichkeit zu akzeptieren. Wir dürfen die nicht aus den Augen verlieren, die suchen, wo ihr Platz sein könnte. Die Tür zur Gemeinde soll offen sein, die Schwelle niedrig. Ob es uns gelingt, so aufeinander zu achten, dass viele erfahren: Hier bin ich willkommen?
Gott, hilf uns, mit offenen Augen aufeinander zuzugehen.

Unsere Gemeinde braucht Ohren, die genau hinhören und aufmerksam zuhören, die empfindsam sind für die leisen Töne, die im Lärm unserer Zeit oft untergehen. Hoffentlich gelingt es uns, Sorgen, Ängste, Not zu hören, die mit einer Lebensgeschichte verbunden sind. Natürlich sind auch Freude, Begeisterung, neue Ideen, Kritik wichtig – ganz normale Alltagsstories. Als Gemeinde sind wir Teil unserer Stadt, unseres Landes. Wir brauchen ein offenes Ohr für alles, was Kinder, Jugendliche und Erwachsene umtreibt: z.B. Gewalt, Terror, Zukunftsängste, Zukunftsträume ... Ob es uns gelingt, hellhörig zu sein?
Gott, hilf uns, ganz Ohr zu sein.

Unsere Gemeinde braucht den Mund, der ein ermutigendes Wort findet, der tröstet, der sich traut, kritische Worte zu sagen und Unbequemes nicht zu verschweigen. Hoffentlich gelingt es immer wieder, ehrliche Worte zu finden, wenn wir Unrecht erleben und Menschen abgestempelt werden, weil sie anders sind. Bevor wir andere zutexten, sollten wir erst mal hören. Hoffentlich gelingt es, mit schnellen Ratschlägen sparsam zu sein und auch mal den Mund zu halten.
Gott, hilf uns, hilfreiche Worte zu finden und – wenn es nötig ist – zu schweigen

Unsere Gemeinde braucht die Nase, den guten Riecher für Konflikte, die sich anbahnen, für Sehnsüchte und Wünsche, die unausgesprochen da sind. Manchmal merken wir auch, dass da jemand ist, den oder die wir gar nicht riechen können. Hoffentlich gelingt es uns, offen und freundlich miteinander umzugehen, Konflikte ehrlich anzuschauen und fair auszutragen.
Gott, gib uns den guten Riecher.

Unsere Gemeinde braucht Hände, die ganz praktisch zupacken: Kuchen backen, Hecken schneiden, die Gläser nach der Konfi-Gruppe spülen, putzen, reparieren, Gemeindebrief austragen, für jemand einkaufen ... Hoffentlich finden sich immer Hände, die Neue begrüßen, die auch streicheln und liebevoll trösten können.
Gott; lass uns Hände sein, die halten, ohne zur Fessel zu werden, die zupacken, wo es nötig ist:

Unsere Gemeinde braucht Füße, die ohne Berührungsangst auf andere zugehen, um Kontakte zu knüpfen, die dort hingehen, wo andere darauf warten, dass sich jemand für sie interessiert: ältere Menschen, die allein leben; Kranke, die sich Zuwendung wünschen; Jugendliche, die irgendwo rumhängen; Menschen auf der Straße; Behinderte ... Hoffentlich gelingt es immer wieder, einander offen, freundlich, neugierig und unvoreingenommen zu begegnen, so dass wir Türen zueinander öffnen können.
Gott, lass uns Füße sein, die sich auf den Weg machen und vieles in Bewegung bringen.

Gemeinde mit Herz sein: Geduldig miteinander umgehen; miteinander feiern; offene, vertrauensvolle Begegnungen; Gottesdienste erleben, die Mut machen; Gemeinschaft sein und werden, in der Kinder, Jugendliche und Erwachsene zu Hause sind, die offen und einladend nach außen wirkt.
Gott, lass uns Gemeinde sein und werden, die etwas ausstrahlt von dem Geist, der mit Jesus in unsere Welt gekommen ist:

Liedruf: Lass uns Hoffnungszeichen sehn (mündlich überliefert. Kann durch andere Liedrufe ersetzt werden)

Vater unser

Lied: Gott gab uns Atem (EG 432)

Abkündigungen und Segen

Voice event: This train is bound für glory ...

Segen auf der Lebensreise

Abschlussgottesdienst mit Taufe

Udo Jesberger, Beate Özer

Einzug

Mit Konfi-Kerze und Segenssymbolen: Regenbogen, Dach, Kreuz, Taube, Baum, Wolke, Hand, Kerze – Vanessa
Die Symbole werden abgestellt, die Konfi-Kerze wird entzündet. Ein K stellt die Kerze auf den Altar und zündet die drei Dochte an. Die SymbolträgerInnen verteilen sich auf der Bühne, setzen sich hin und halten die Symbole vor sich.

Begrüßung

Konfi 1: Guten Morgen und herzlich willkommen zu unserem selbstgestalteten Abschlussgottesdienst. Wir, die 24 Konfirmandinnen und 21 Konfirmanden dieses Jahrgangs, freuen uns, dass Sie alle da sind und mit uns Gottesdienst feiern, zwei bzw. drei Wochen vor dem großen Tag unserer Konfirmation.
Konfi 2: Sie erinnern sich? Der Regenbogen ist das Symbol unseres Jahrgangs, und diese Kerze ist unser erstes Gemeinschaftswerk gewesen, damals beim Vorstellungsgottesdienst vor fast eineinhalb Jahren.
Konfi 1: Der Regenbogen und die Kerze haben uns seither auf unserem Weg durch die Konfirmandenzeit begleitet. Dazwischen lagen der Ken-

nenlerntag, unsere Gemeindepraktika, sechs Projekttage und Neigungsprojekte, zwei Freizeiten und viele kleine und große Treffen und Aktionen zwischendurch.
Konfi 2: Wir haben viel erlebt in diesen eineinhalb Jahren: Schönes und Betrübliches, Interessantes und Langweiliges, Bleibendes und auch manches, was wir wieder vergessen werden.
Konfi 1: Bei unserer zweiten Freizeit im Januar haben wir auf die beiden Jahre unseres Zusammenseins zurückgeschaut und mehrheitlich festgestellt, dass es eine gute Zeit für uns war.
Konfi 2: Wir haben uns unterhalten und erarbeitet, was Taufe und was Konfirmation bedeutet. Und wir haben festgestellt, dass das Verbindende der Segen ist, der Zuspruch Gottes an uns und unseren Lebensweg.
Konfi 1: Unser heutiger Gottesdienst trägt das Motto »Segen auf der Lebensreise«. Und wieder spielen der Regenbogen, die Kerze und viele andere Symbole eine große Rolle.
Konfi 2: Was ist das eigentlich, Segen? Dieser Frage wollen wir in diesem Gottesdienst nachgehen. Und ganz spürbar wollen wir es erleben, wenn einer von uns, Andreas, nachher getauft wird.
Konfi 1: Wir wünschen uns und Ihnen einen gesegneten Gottesdienst und hoffen, dass alles so klappt, wie wir es uns vorgestellt und geübt haben.

Begrüßung durch die MitarbeiterInnen

(Wechselnde Stimmen:)
(1) Auch wir, die haupt- und ehrenamtlichen Begleiterinnen dieses Jahrgangs begrüßen Sie zu diesem Gottesdienst. Übereinstimmend waren wir in unserer Auswertung der Meinung, dass unsere Regenbogen-Konfis sehr engagiert, aktiv und ideenreich sind.
(2) Für uns bedeuten dieser Gottesdienst und die kommenden Konfirmationen auch, Abschied zu nehmen von 45 jungen Menschen, die wir eineinhalb Jahre lang begleitet und sehr intensiv erlebt haben.
(1) Mit dem heutigen Tag legen diese jungen Menschen Ihnen, den Eltern, den Familien und der Gemeinde, Rechenschaft ab über ihre Konfi-Zeit. Sie sagen »Ja« zu sich und diesem Weg des mündigen Christseins. Sie fügen sozusagen ihr »Ja« dem in der Taufe zugesprochenen »Ja« Gottes hinzu.
(2) So wollen wir nun mit den Konfirmandinnen und Konfirmanden gemeinsam Gottesdienst feiern, im Namen des Gottes, der »Ja« zu seinen

Geschöpfen sagt und ihren Lebensweg mit seinem Segen begleitet: Im Namen Gottes, des Schöpfers allen Lebens, im Namen seines Sohnes Jesu Christi, der unser Reden und Handeln mit seinem Segen begleitet, und im Namen des Heiligen Geistes, der unsere Lebensreise mit Kraft und Phantasie ausstattet, auf dass sie gelingen möge. Amen.

Lied (Konfi-Chor): »Deinen Weg« (Text: Eugen Eckert; Musik: Horst Christill; HABAKUK 1998; Strube-Verlag, München, Liederbuch »Die Zeit färben«, Nr. 127)

Psalm 34
(1) Mit Gedanken des 34. Psalms, der diesem Sonntag unseres Kirchenjahres seinen Namen »Okuli«, das heißt »Augen«, gegeben hat, wollen wir beten:
(2) Kommt her, ihr Kinder aller Länder, und hört mir zu!
Ich will euch sagen, was zu wissen wichtig ist und was zu lernen sich lohnt:
Bösen Menschen geht aus dem Weg, bei guten geht in die Lehre.
Redet nicht schlecht über andere,
hört auf die guten Worte eurer Freunde
und achtet auf den richtigen Rat eurer Freundinnen.
Sucht den Frieden euer Leben lang:
(3) Dann werden eure Lippen nicht dumm daherreden
wie Windmühlen, die nichts zu mahlen haben.
Dann werden eure Köpfe nicht hohl werden wie leere Kisten,
in denen man Luft spazieren fährt.
(1) Ihr werdet das Leben lieben.
Eure Tage werden ausgefüllt bis zum Rand mit Gutem,
denn die Augen unseres Gottes bewachen jeden von euch,
und seine Ohren hören, wenn jemand von euch Angst hat.
Sein Wille richtet sich gegen die bösen Menschen.
Sie werden ihre Bosheit begraben und als die treuesten Menschen unter uns leben.
Besonders liegen ihm die am Herzen, die vor Kummer nicht mehr ein noch aus wissen.
Ihnen wischt er die Tränen aus den Augen und tröstet sie in ihrem Schmerz.

Ihre Augen können wieder lachen.
(3) Er behütet alle Kinder dieser Erde.
Nicht eines von ihnen soll zerbrechen, niemand soll verloren gehen.

Gebet

(1) Gott, wir als Begleiterinnen und Begleiter dieser 45 Jugendlichen möchten dir Dank sagen für die Erfahrungen und Begegnungen der zurückliegenden eineinhalb Jahre.
(2) Immer wieder stellen wir fest: Diese jungen Menschen sind ein Segen für uns, unsere Gemeinde und unsere Kirche. Sie schenken uns Lebendigkeit und Aktivität. Durch ihren Weg erinnern wir uns an unseren eigenen.
(1) Wir bitten dich: Lass niemanden verloren gehen auf dieser spannenden Reise namens »Leben«. Halte deine segnende und behütende Hand über die Konfirmandinnen und Konfirmanden und über uns. Lass diesen Gottesdienst und unsere weitere Lebensreise von deinem Segen begleitet sein, und lass sie gelingen. Amen.

Lied mit Tanz (Konfi-Chor): »Deine Hand in meiner Hand« (Text: Eugen Eckert; Musik: Alejandro Veciana; HABAKUK 1998; Strube-Verlag, München, Liederbuch »Die Zeit färben«, Nr. 67)

Lesung und Anspiel 1

Andreas: Segen auf der Lebensreise – So haben wir unseren Gottesdienst genannt. Biblische Grundlage unserer Gedanken war dabei die uralte Segensverheißung Gottes an Abraham aus dem 1. Buch Moses. Ich lese uns aus dem 12. Kapitel die Verse 1 bis 3:
Und Gott sprach zu Abraham: »Geh aus deinem Vaterland und von deiner Verwandtschaft und aus deines Vaters Haus in ein Land, das ich dir zeigen will. Und ich will dich zum großen Volk machen und will dich segnen und dir einen großen Namen machen, und du sollst ein Segen sein. Ich will segnen, die dich segnen, und verfluchen, die dich verfluchen; und in dir sollen gesegnet werden alle Geschlechter auf Erden.«
Markus: Sag mal, Andreas, das ist eine komische Sache mit diesem Gottesdienstmotto, »Segen auf der Lebensreise«. Ich kann damit nichts anfangen. Was ist das denn überhaupt, Segen ? Man kann ihn nicht sehen, nicht hören, nicht riechen und nicht schmecken. Wofür brauche ich das

dann überhaupt. Ich glaube, ich komme auch ganz gut ohne diesen Segen klar in meinem Leben, oder!?

Andreas: Du hast Recht, Markus, Segen ist nichts zum Anfassen. Segen, das heißt ursprünglich »benedicere« – »Gutes sagen«. Und gute Worte tun auch gut, oder nicht? Und die kann man hören, die gehen einem durch Leib und Seele. Und dass man Segen auch sehen oder zumindest sichtbar machen kann, zeig' ich dir jetzt!

David (kommt mit dem Regenbogen): Gottes Segen ist wie ein Regenbogen, Symbol für die Brücke zwischen Himmel und Erde, Gott und den Menschen, Erkennungszeichen unseres Konfi-Jahrgangs. Der Regenbogen ist bunt wie die Vielfalt des Lebens. Er ist ein Wunder, wie das Leben selbst. Er bedeutet Schutz und Rettung, wie Gott es einst Noah versprochen hat. Gottes Segen ist wie ein Regenbogen.

Martin (kommt mit dem Dach): Gottes Segen ist wie ein Dach. Es bietet Schutz und Geborgenheit für die, die darunter sitzen. Was gibt es Wichtigeres als ein Dach über dem Kopf zu haben, wenn es stürmt und regnet oder wenn die Sonne sticht. Der weite Himmel ist wie ein Dach für alles Leben. Gottes Segen ist wie ein Dach.

Marco (kommt mit dem Kreuz): Gottes Segen ist wie ein Kreuz. Es bindet Leben und Tod zusammen und behütet beides. Es ist ein Wegweiser in alle vier Himmelsrichtungen. Es verbindet uns mit Himmel und Erde. Es ist wie ein Schlüssel, der den Sinn des Lebens aufschließt. Gottes Segen ist wie ein Kreuz.

Maximilian (kommt mit der Taube): Gottes Segen ist wie eine Taube, sanft, friedfertig und frei. Sie ist von alters her Zeichen für Gottes Heiligen Geist, Friedensbotin, die Rettung, Schutz und neuen Anfang verkündet. Gottes Segen ist wie eine Taube.

Jana (kommt mit dem Baum): Gottes Segen ist wie ein Baum, der lebensnotwendigen Schatten spendet. Unter ihm kann man ausruhen, in seinen Ästen spielen und schaukeln. Seine Wurzeln schenken Halt und Standfestigkeit. Sein Stamm erzählt von den Stationen des Lebens. Bäume sind wie Freunde. Gottes Segen ist wie ein Baum.

Andreas (kommt mit der Wolke): Gottes Segen ist wie eine Wolke, weich, weiß und mächtig. Sie lässt es regnen, bringt Wasser und damit Leben. Sie verteilt sich auf alles, was leben und wachsen will. Sie zieht die Weite des Himmels entlang. Gottes Segen ist wie eine Wolke.

Stefanie (kommt mit der Hand): Gottes Segen ist wie eine Hand. Sie ist

immer da, um zu schützen, zu helfen, zu streicheln und zu heilen. Sie schenkt Freundschaft, Geborgenheit und Versöhnung. Sie kann aufrichten, beten und segnen. Und manchmal kann sie auch drohen und Schmerzen zufügen. Gottes Segen ist wie eine Hand.
Vanessa (kommt mit der Kerze): Gottes Segen ist wie das Licht einer Kerze. Sie schenkt Wärme und Helligkeit. Sie ist Licht auf dunklen Wegen. Sie verzehrt sich, wenn sie brennt. Sie will heil machen, leuchten und strahlen und an andere weitergereicht werden. Gottes Segen ist wie das Licht einer Kerze.

Lied: »Wie der Wind« (Text: Eugen Eckert; Musik: Alejandro Veciana; HABAKUK 2000; Strube-Verlag, München-Berlin)

Andreas: Und, Markus, hast du jetzt Segen sehen und hören können?
Markus: Ja, schon, aber ganz klar ist mir noch nicht, wozu Segen gut ist.
Andreas: Dann komm doch jetzt mit mir mit, wenn ich getauft werde. Du und die anderen, ihr könnt ein Segen für mich sein.

Taufe

Überleitung zur Taufe

Ja, Markus, du und die anderen, ihr könnt Andreas auf dem Weg zu seiner Taufe begleiten. Denn mit der Taufe sagt Gott »Ja« zu Andreas und seinem Weg als von ihm geliebtes Geschöpf. Er sagt: »Fürchte dich nicht, denn ich habe dich erlöst; ich habe dich bei deinem Namen gerufen; du bist mein, weil du in meinen Augen so wertgeachtet und auch herrlich bist und weil ich dich lieb habe.«
Worte, die gut tun, sind das, gute und mutmachende Worte, Segensworte für Andreas und für die, die mit ihm auf dem Weg sind. Zu Beginn der Taufe singen wir gemeinsam die ersten beiden Strophen des Taufliedes »Ich möcht', dass einer mit mir geht«.

Tauflied: »Ich möcht', dass einer mit mir geht« (EG 209, 1-2)

Einsetzungsworte zur Taufe

(1) Wenn wir taufen, so tun wir dies im Auftrag Jesu, der im 28. Kapitel des Matthäusevangeliums zu seinen Jüngerinnen und Jüngern spricht:

(2) Mir ist gegeben alle Gewalt im Himmel und auf Erden.

(3) Habt keine Angst. Ich habe alles in der Hand, Großes und Kleines, Gutes und Böses.

(2) Darum gehet hin und machet zu Jüngern alle Völker.

(3) Gewinnt alle Menschen für meine Sache.

(2) Taufet sie auf den Namen des Vaters und des Sohnes und des Heiligen Geistes, und lehret sie halten alles, was ich euch befohlen habe.

(3) Helft ihnen, so zu leben, wie ich es euch gezeigt habe.

(2) Und siehe, ich bin bei euch alle Tage bis an der Welt Ende.

(3) Vergesst das nicht: Wohin ihr auch geht, und was immer auch kommt, ich bin bei euch.

(1) Selig sind, die Gottes Wort hören und bewahren. Amen.

Wir sprechen nun alle gemeinsam das von Andreas für den heutigen Tag seiner Taufe gewählte Glaubensbekenntnis (Gottesdienstheft). Alle, die beim Lesen und Sprechen stehen können, bitten wir, dazu aufzustehen: Ich glaube, dass Gott sich freut an seinen Geschöpfen und den Frieden liebt. Ich glaube, dass Gott sich freut, wenn Menschen aufeinander zugehen und sich die Hand reichen. Ich glaube, dass Gott sich freut über das Lachen der Kinder und die Strahlen der Sonne. Amen.

Tauflied: »Ich möcht', dass einer mit mir geht« (EG 209, 3-4)

Tauffrage

an Andreas, seine Eltern und Paten.

Eingießen des Taufwassers

(Patin)

Zur Taufhandlung

Entzünden der Taufkerze durch Paten

Taufsymbole

überreicht durch Mitkonfirmandinnen.

Steven (kommt mit Grasteller):
Meine Wünsche für dich sind grün. So wie die Wiesen und Weiden, auf denen der Hirte seine Schafe hütet, so sollst auch du einen Platz in deinem Leben finden, wo du dich sicher und behütet fühlst.
Carina (kommt mit Sonnenstrahl):
Meine Wünsche für dich sind gelb. Wie die Strahlen der Sonne, die dich wärmen und dir ein Hoffnungsschimmer in dunklen Stunden sein sollen.
Peter (kommt mit Teelicht):
Meine Wünsche für dich sind ...
Kai (kommt mit Stopschild):
Meine Wünsche für dich sind rot: Wie die Liebe und die Herzen, die für dich weit geöffnet sein sollen, dass du die Liebe, die du empfängst, auch weitergeben kannst. Oder aber wie ein Warnschild, das dich vor Gefahren beschützt und dir hilft, den rechten Weg zu finden.
Melanie (kommt mit Blume):
Meine Wünsche für dich sind lila: Wie ein Feld voller Blumen, das Gott gedeihen und wachsen lässt, so sollst du Raum und die Bedingungen finden, um gedeihen und wachsen zu können.
Tim (kommt mit Meerespostkarte):
Meine Wünsche für dich sind blau: Blau, wie das weite, unbändige Meer, so frei sollst du sein. Blau, wie der Himmel, so rein und so klar soll dein Leben für dich sein.
Nathalie:
All das wünschen wir dir, lieber Andreas, zum heutigen Tag deiner Taufe, und zu allem den Segen Gottes, wie es in unserem Lied, das wir jetzt für dich singen, heißt:
Gottes Macht erhalte dich. Gottes Weisheit leite dich. Gottes Liebe mache dich zum Segen. Gottes Ohr sei in dir wach, Gottes Auge in dir hell. Gottes Hand sei in dir stark zum Frieden. Gottes Glanz umhülle dich. Gottes Nähe tröste dich. Gottes Geist erfülle dich mit Hoffnung. Amen.

Lied (Konfi-Chor): »Gottes Macht erhalte dich« (Text: Eugen Eckert; Melodie: Winfried Heurich; Strube-Verlag, München-Berlin, Liederbuch »Vom Leben singen«, Nr. 165)

Anspiel 2
Andreas: So, Markus, jetzt bin ich getauft, und du konntest sehen, dass

Segen auch etwas mit Spüren zu tun hat, nicht nur mit guten Worten, sondern auch mit guten Händen und Gesten.
Markus: Ja, klar, aber das war ja jetzt auch etwas Besonderes. Ob das alles in Erfüllung geht, wird ja erst die Zukunft zeigen.
Andreas: Klar, aber im Alltag kann man oft erleben, wie Segen gar nichts Großartiges, sondern etwas ganz Einfaches und Unscheinbares ist, etwas Alltägliches eben. Schau nur zu!
Auftritt der Theatergruppe: »Segensgeschichten des Alltags«
1. Szene: »Die Schulklasse«
2. Szene: »Die Reise«
Markus: Stimmt, Andreas, Segen ist etwas ganz Alltägliches. Wir brauchen ihn, glaube ich, alle und immer wieder.
Andreas: Genau, damit wir behütet sind, Tag und Nacht.

Lied (Konfi-Chor): »Sei behütet Tag und Nacht« (Text: Eugen Eckert; Musik: Horst Christill; HABAKUK 1998; Strube-Verlag, München, Liederbuch »Die Zeit färben«, Nr. 144)

Fürbitten
Konfi 1: Wir beten, und ich bitte Sie, dazu aufzustehen, wenn Ihnen das Stehen beim Gebet keine Mühe macht!
Konfi 2: Gott, danke für diesen Tag, für diesen Gottesdienst und die Taufe von Andreas. Sei du bei ihm und uns allen mit deinem Segen auf den vielen Wegen, die wir gehen.
Konif 3: Wir bitten dich für das Gelingen unserer Lebensreise, heute, für die nächsten Wochen bis zu unserer Konfirmation und für die Zeit danach. Lass uns gesund bleiben, das ist das Allerwichtigste.
Konif 1: Und wir bitten dich um gute Freunde und Freundinnen, die unsere Lebensreise begleiten, mit Rat und Tat, mit Worten und Händen. Wir bitten dich um Glück und Geborgenheit, um Erfolg in Schule, Ausbildung und Beruf, damit unsere Lebensreise auch gelingen kann.
Konfi 3: Lass die Träume, die wir haben, zumindest zu einem großen Teil in Erfüllung gehen. Schenke uns Mut, Kraft und Phantasie, diese Träume Wirklichkeit werden zu lassen.
Konif 2: All unser Bitten um deinen Segen für unseren weiteren Lebensweg, legen wir nun mit allen in die Worte des Gebets deines Sohnes Jesus Christus: Vater unser im Himmel ...

Lied: »Konfi-Blues« (Band und Konfi-Chor)

Abkündigungen – Friedensgruß – Segen

Schlusslied mit Tanz und Animation (Konfi-Chor): »Deine Hand in meiner Hand«

»Mehr als Worte sagt ein Lied« – Musik ist unser Leben

Konfirmandinnen und Konfirmanden gestalten ihren Konfirmationsgottesdienst

Rolf Heinrich

Vorbemerkung: Der Pfarrer als Lernender

Im Laufe der Jahre habe ich im Konfirmationsunterricht gelernt, mich nicht nur für die alltägliche Lebenswelt der Jugendlichen »an der Oberfläche« als Anknüpfungspunkt für die christliche Verkündigung zu interessieren, sondern sie als selbstständigen Ausdruck ihrer Erfahrungen »ohne Zensur« ernst zu nehmen und zu respektieren. Es ist für mich ein spannender Lernprozess zu entdecken, welche Sehnsüchte, Ängste und Freuden sich in und hinter den alltäglichen Phänomenen ihrer Lebensgestaltung verbergen. Dabei habe ich erfahren, dass Jugendliche im Pubertätsalter oft den Eindruck haben, dass sie überhaupt nicht wahrgenommen, geschweige denn ernst genommen werden darin, wie sie sich selbst, ihr Leben und ihre Mitwelt sehen und beurteilen.

Es gilt, die nahe liegenden Dinge des Lebens ernst zu nehmen, denn nicht nur große Ideen und tiefe Glaubensinhalte sind entscheidend, sondern die kleinste Welt unseres Lebens. In den alltäglichen Lebensweisen der Menschen sind religiöse, kulturelle und politische Traditionen und Werte eingeflossen und in ihnen verborgen und unbewusst vorhanden: Essen und Trinken, Kleidung und Mode, Kaufen und Verkaufen, Werbung, Fußball, Handy, Fernsehen und Kino, Computer,

Musik ... das sind die beherrschenden Themen der Lebenswelt. In diese Lebensvorgänge sind religiöse Traditionen aufgesogen worden. Es gibt ein wechselseitiges Beziehungsgeflecht und Netz zwischen Elementen des Alltäglichen, der Lebenswelt und den religiösen und theologischen Dimensionen, die sich in ihnen widerspiegeln und in einer tieferen Ebene verborgen sind.

Die Lebenswelt der Jugendlichen prägt daher auch die Konfirmationsgottesdienste. Die Konfirmandinnen und Konfirmanden suchen die Themen aus und gestalten die Inhalte. Zu diesen Themen der Jugendlichen gehörten bisher: »Kleider machen Leute«; »Fußball ist unser Leben«; »Geld und Liebe«; »Mein Idol und ich«; »Gute Zeiten – schlechte Zeiten«; »We have a dream« und »Musik ist unser Leben«.

»God is a D(isc) J(ockey)« singt die Gruppe Faithless. Rap und Hip-Hop erzählen von Gott. Die »Toten Hosen« und »Nomine« beten das Vaterunser. Die Gruppe »Faithless« singt davon, dass die Techno-Disco ihre Kirche, ihr wahrer Gottesdienst sei und Schmerzen heile. Marius Müller-Westernhagen singt »Jesus«, Sting »o my God«, Peter Gabriel »Blood of Eden« und viele andere thematisieren religiöse Dimensionen. Popkonzerte liefern beeindruckende Bilder ekstatischer Verzückung, die viele Christen nur noch aus ihrer Geschichte kennen. Jugendliche kommen heute mehr durch Popmusik mit Religion in Berührung als durch kirchliche Angebote.

Die Konfirmandinnen gestalten den Kirchenraum mit den Fahnen und Bildern ihrer Musikgruppen und spielen vor Textbeiträgen kurz die Musik ihrer Gruppe ein.

CD-Projekt mit Konfirmandinnen und Konfirmanden

Wenn es in der Gemeinde Jugend-Bands, einen Gospel-Chor o. Ä. gibt und die

Konfirmandinnen und Konfirmanden selbst für Gesang zu begeistern sind, wäre es schön, wenn sie – unterstützt von Profis – selbst Lieder einüben oder zu ihnen bekannten Liedern sich neue Texte ausdenken, sie singen und dann eine CD produzieren. Das ist ohne großen technischen Aufwand und ohne große Kosten in CD-Studios möglich. Eine mit den Fotos der Konfirmandinnen und Konfirmanden geschmückte CD kann verkauft oder verschenkt werden.

Begrüßung und Einstimmung

Liebe Mädchen und Jungen, liebe Eltern, Großeltern und Paten, liebe Gemeinde!
Ich begrüße euch und Sie sehr herzlich zu diesem Konfirmationsgottesdienst am Sonntag »Kantate« – »Singet«!

Gott sei bei uns in diesem Gottesdienst.
Singt ihm ein neues Lied, ein Lied, das uns gut tut (Ps 96).
Gott, sei du uns Freude, die uns belebt,
Vertrauen, das uns stärkt,
Liebe, die uns begeistert,
Mut, der uns beflügelt.
Gott sei bei uns in diesem Gottesdienst.
Singt ihm ein Lied.
Lasst uns singend und summend durch das Leben gehen.

Musik ist unser Leben

Lieder, Gesang und Musik begleiten uns in unserem Leben – von klein auf bis ins hohe Alter: Kleinen Kindern werden Schlaflieder vorgesungen. Fast alle Kinder kennen die Lieder von Rolf Zukowski. Wenn sie dann älter werden, dann hören sie Eminem, Die Ärzte, limp bizkit. Eure Großeltern begeisterten sich für Lieder von Zarah Leander, Hans Albers, Benjamino Gigli, Freddy Quinn, Heidi Brühl oder wie die Sängerinnen und Sänger ihrer Zeit auch hießen. Jede Zeit hat ihre Lieder, ihre Musik und ihre Sängerinnen und Sänger.
Ich selbst war begeistert von den Liedern der Beatles und der Rolling Stones, von Reinhard Mey, Hannes Wader und Herman van Veen. Viele Platten der Beatles habe ich heute noch und höre sie immer wieder. Vor ein paar Jahren war ich auf einem Konzert der Rolling Stones im Parkstadion. Aber die Jugendzeit lässt sich nicht zurückholen. Für mich ist diese Musik heute Erinnerung.
Die Namen und die Formen der Musik ändern sich. Jede Zeit und jede Generation hat ihren eigenen Geschmack. Jeder Mensch hat seine eigenen Vorlieben für bestimmte Musik – das reicht dann von den Bravo-Hits bis zum Musikanten-Stadl. Es gibt Musik und Lieder, die die Zeit überdauern und zu jeder Zeit gehört und gesungen werden. Mögen sich die Zeiten auch ändern, die Musikvorlieben und SängerInnen

der Mode unterworfen sein, was aber gleich bleibt, das sind die Gefühle, die Wünsche und Träume, die Sehnsüchte und Phantasien, die mit dieser Musik verbunden sind. Musik und Lieder begleiten uns ein Leben lang.

Manchmal höre ich morgens ein Lied und die Melodie geht mir den ganzen Tag nicht mehr aus dem Kopf, wie ein Ohrwurm begleitet sie mich durch den Tag.

Jugendliche ohne Musik – das ist nicht vorstellbar. Wenn sie könnten, wie sie wollten, tönten immer irgendwo die neuesten Hits aus ihren HiFi-Boxen. Im Bus oder in der Straßenbahn bekommt man noch zwei Sitzbänke weiter die Beats aus dem Walkman mit. Überall die eigene Musik bei zu haben, gehört für Jugendliche zum Ausdruck ihres Lebensgefühls. Musik ist unser Leben – ist das Thema dieser Konfirmation.

Die Jugendlichen haben diesen Gottesdienst vorbereitet und werden uns gleich erzählen, was Musik ihnen bedeutet. Aber nicht nur ihre Musik steht im Mittelpunkt dieses Gottesdienstes, sondern die Jugendlichen selbst, ihre Träume und Sehnsüchte, ihre Wünsche und Hoffnungen und ihre Gefühle.

Denn: »Mehr als Worte sagt ein Lied« (EG 577 Westfalen).

Jeder Gottesdienst ist ein Dienst am Menschen, denn Gott, der ein Mensch wurde, begegnet uns im Menschen, in euch, in euren Liedern, in jedem von uns.

Möge das, was wir hören, sehen und schmecken, uns stärken und ganz einfach gut tun.

Hände reichen

Suchen Sie eine rechte und eine linke Hand. Reichen Sie dem Menschen, der neben Ihnen sitzt, Ihre Hand und halten Sie sie einen Augenblick lang fest.

Eine Hand liegt in deiner Hand und du spürst die Nähe und den Halt.

Ich träume davon, dass jemand meine Zuneigung, mein Vertrauen und meinen Beistand braucht.

Ich träume davon, dass mich jemand annimmt, einfach so wie ich bin – mit meinen ungereimten Wünschen, mit meinem unfertigen Charakter und mit meinen Ängsten.

Ich träume davon, dass mich jemand gelten lässt, ohne mich zu erziehen, dass jemand mit mir übereinstimmt, ohne sich anzustrengen.

Ich träume davon, dass ich mich nicht rechtfertigen muss, dass einer mich liebt.
Eine Hand liegt in deiner Hand und du spürst die Nähe und den Halt.

Lied
Wir singen: Kommt herbei, singt dem Herrn (EG 577 Westfalen)

Gebet einer Konfirmandin
Wir brauchen jemanden, der Zeit für uns hat und wirklich auf uns eingeht, der uns hilft, uns selbst zu verstehen und anderen ein Freund zu sein.
Wir brauchen jemanden, der uns befreit von unserer Unsicherheit, der verständnisvoll ist, wenn wir etwas falsch machen, und der unsere Gefühle achtet.
Alle singen: Das wünsch ich sehr, dass immer einer bei mir wär, der lacht und spricht: Fürchte dich nicht!
Wir brauchen jemanden, der uns nicht nur nach unseren Leistungen beurteilt oder danach, wie wir uns benehmen.
Wir brauchen jemanden, der uns beisteht bei unseren Problemen mit unseren Eltern, mit der Schule, mit uns selbst, der uns achtet und gemeinsam mit uns Wege der Lösung sucht.
Alle singen: Das wünsch ich sehr, dass immer einer bei mir wär, der lacht und spricht: Fürchte dich nicht.
Wir brauchen jemanden, der hört, was wir zu sagen haben, und dem wichtig ist, was wir meinen.
Wir brauchen jemanden, der uns mag und uns vorlebt, wie wir in gutem Sinn erwachsen werden können.
Alle singen: Das wünsch ich sehr, dass immer einer bei mir wär, der lacht und spricht: Fürchte dich nicht (Lied in: Gottesdienst zur Konfirmation, Materialhefte der Beratungsstelle für Gestaltung von Gottesdiensten, Bd. 57, Frankfurt/Main 1990, Anhang, L 3).

Mehr als Worte sagt ein Lied / 1.Teil

Einleitung
Als wir diesen Gottesdienst gemeinsam vorbereitet haben, da habe ich euch gefragt: Was braucht ihr unbedingt zum Leben?

»Ein Handy« war eure erste Antwort. »Ohne Handy und Telefon könnte ich nicht mehr leben«, hat eine von euch gesagt. Erst hatten wir deshalb vor, diesen Konfirmationsgottesdienst zum Thema »Handy« zu gestalten. Ich habe euch dann eine Liste mit Gegenständen und Werten vorgelegt, die für das Leben wichtig sind. Auf dieser Liste standen: Handy, Computer, Geld, Internet, Skateboard, Walkman, Playstation, Musik, Liebe, Gesundheit und Familie. Diese Liste solltet ihr dann in eine Reihenfolge bringen, welche Dinge euch am wichtigsten sind und welche weniger wichtig sind. Dabei kam dann nicht mehr das Handy an erster Stelle heraus, sondern am wichtigsten sind euch Liebe, Gesundheit, Familie, Geld und Musik.

Es tut gut und ist ermutigend, dass ihre Kinder und ihre Enkel dieselben Werte für wichtig halten wie sie. Vielen von euch sind Familie und Gemeinschaft am wichtigsten – auch wenn ihr das vielleicht nicht immer zeigen und ausdrücken könnt. »Wenn es meine Familie nicht gäbe, dann gäbe es auch mich nicht«, hat eine von euch gesagt. Sicher ihr habt auch gesagt: Eltern nerven, sie meckern rum und wissen alles besser, aber wenn es ernst wird, wenn Not am Mann und an der Frau ist, dann »ist die Familie immer für einen da«. Als Thema aber wolltet ihr »Familie« dann doch nicht für eure Konfirmation – so wichtig euch die Familie auch ist – als Thema war sie euch zu langweilig. So sind wir dann auf das Thema »Musik ist unser Leben« gekommen, weil IHR ohne Musik – das ist schlechthin nicht vorstellbar.

Ich war überrascht, mit welcher Sorgfalt, mit welcher Begeisterung und mit welchem Eifer ihr die Texte eurer Lieblingslieder mit der Hand oder am Computer abgeschrieben habt. Es war für mich spannend und interessant an dem teilnehmen zu können, was euch bewegt, beschäftigt und begeistert. Ich denke, dass das grundsätzlich etwas Wichtiges für eine christliche Gemeinde ist, zu spüren und zu erleben, da sind Menschen, da sind Erwachsene, die versuchen, mich ernst zu nehmen, die interessieren sich wirklich für das, was mich bewegt und beschäftigt und urteilen nicht zu schnell. Das ist sowieso nur eine vorübergehende Mode, Die Musik ist doch viel zu laut und das ist doch alles nur Geschäft, Vermarktung und Konsum. Ihr habt auch untereinander gestritten: Der eine sagte limp bizkit – das ist tolle Musik. Sofort widersprach jemand und erwiderte: Schrecklich, unmöglich, Eminem, das ist wirklich tolle Musik. Als ich dann sagte »Ich finde die Beatles toll«, da habt ihr nur müde gelächelt.

Als ich hinzusetze »Auch Bach und Beethoven höre ich gern«, da habt ihr laut gelacht. Wir haben uns dann die Zeit und Geduld füreinander genommen, uns die Musik anzuhören, für die wir schwärmen. Als wir uns dann näher mit den Liedern und der Musik beschäftigen, da haben wir entdeckt und gelernt: Es ist nicht entscheidend, für welche Musik jemand schwärmt, sondern welche Gefühle, welche Träume, welche Ängste, welche Erinnerungen und welche Sehnsüchte jemand mit seiner Lieblingsmusik verbindet. Wenn wir darüber reden, dann kommen wir uns näher und müssen nicht mehr darüber streiten, welche Musik mir denn nun besser gefällt und welche nicht.

Hier in der Kirche spielt heute der Posaunenchor, Frau Dannowski spielt Orgel, Frau Deutschmann Klavier und eine Jugendband unserer Gemeinde spielt. Ich weiß, Orgel, Posaune und Klavier sind nicht unbedingt eure Instrumente, sondern E-Gitarre und Schlagzeug. Aber wenn ihr euch mit jemandem aus dem Posaunenchor unterhalten würdet, warum er gerade Posaune oder Trompete spielt und wie er dazu gekommen ist, ihr würdet entdecken, dass es ähnliche Gründe sind, aus denen ihr für E-Gitarre und Schlagzeug schwärmt.

Ich habe von euch gelernt, Musik und Liedertexte zu entdecken, über die ich vorher eher gelächelt habe oder die ich als vorübergehende Mode nicht zur Kenntnis genommen habe. Ich hätte nie gedacht, dass limp Bizkit das Lied singt »Ich glaube an Gott« und die Toten Hosen »Vaterunser« und Eminem kannte ich überhaupt nicht. Ohne euch hätte ich das nie entdeckt. Eure Lieder drücken aus, was ihr fühlt und denkt, was euch bewegt und wichtig ist, wovon ihr träumt und was euch zornig macht. Aber ihr selbst seid noch viel mehr, als alle diese Lieder beschreiben und ausdrücken können.

Hören wir nun euch selbst: Mehr als Worte sagt ein Lied – Musik ist unser Leben.

Konfirmandinnen und Konfirmanden erzählen:

- Musik begleitet uns in unserem Leben. Ich liege alleine auf meinem Bett und höre meinen Lieblingssong. Wenn ich unterwegs bin, Bus oder Bahn fahre, höre ich mit meinem Walkman meine Musik. Gerne würde ich sie in der Schule hören, wenn mir langweilig ist. Manchmal teile ich mir mit meiner Freundin den Kopfhörer, damit sie mein Lied mithören kann. Ich höre die Charts rauf und runter, mal Hip-Hop, mal Hardcore – was mir gerade gefällt.

- Musik und Lieder drücken meine Stimmungen und Gefühle aus. Für jede Stimmung, für jedes Gefühl gibt es ein Lied, in dem ich mich wieder finde. Oft viel besser als ich es selbst mit meinen Worten sagen könnte. Bei bestimmten Liedern fallen mir sofort Erinnerungen ein. Ich erinnere mich an den ersten Freund und die erste Freundin, mit dem oder der ich das Lied gehört habe. Ich erinnere mich an den ersten Kuss und die erste Liebe. Ich erinnere mich an Ferien und Klassenfahrten, an schöne Feste und gelungene Feiern. Auch die Situation, in der das Lied gespielt wurde, sehe ich wie in einem Film vor mir. Manchmal kommen mir die Tränen.

- Musik ist für mich wie ein Ventil. Ich kann meine Wut, meinen Zorn und meine Enttäuschung loswerden. Wenn meine Eltern mich nerven, dann gehe ich in mein Zimmer und drehe meine Musik auf volle Lautstärke. Das tut gut. Wenn ich sauer oder genervt bin, dann höre ich Hardcore (wird kurz eingespielt). Diese Musik drückt meine Wut aus. Ich kann mich dann gut abreagieren.

- Wenn ich träumen und entspannen möchte, dann höre ich gerne Lieder, in denen über Liebe und Liebeskummer gesungen wird. Aber auch Lieder, in denen von meinen Wünschen, von meiner Zukunft und meinen Erlebnissen gesungen wird, können mich zum Träumen bringen. (»Freiheit« von Marius Müller-Westernhagen wird kurz eingespielt.)

- Aufregend finde ich es und es gefällt mir, wenn Lieder schockieren. Wenn andere und Erwachsene sich darüber aufregen, wie unanständig, böse und frech sie Lieder sind, zum Beispiel das Lied von Christian, einem Bewohner des Big-Brother-Hauses. »Es ist geil, ein Arschloch zu sein«.

- Wenn ich traurig bin, dann höre ich zum Beispiel »Take my heart« (wird kurz eingespielt). Ich kann noch nicht einmal sagen, warum ich gerade dieses Lied höre. Aber diese Musik tut mir dann gut, meine Trauer kommt heraus. Viel besser als jedes Wort drückt die Musik meine Trauer aus. Ich kann das, was dann mit mir geschieht, nicht mit Worten beschreiben. Es ist Musik, die direkt ins Herz geht.

- Ich finde mich selbst und mein Leben in Liedern wieder. Wer ich bin und wer ich sein möchte, auch das finde ich in Liedern und Musik. Manchmal bin ich ängstlich und manchmal fühle ich mich stark. Manchmal bin ich der Dumme und manchmal möchte ich ein Held sein, bewundert von allen.
- Es gibt Sängerinnen und Sänger, die singen, was sie denken, wie Eminem zum Beispiel (kurzes Einspiel). Dann befreit Musik. Sie drücken aus, was gesagt werden muss, was viele vielleicht denken, aber keiner zu sagen wagt. Es macht ihm nichts aus, wenn andere auf ihm herumhacken. Das gefällt mir. Er singt über seine Vergangenheit, seine schwere Kindheit in einer kaputten Familie. Er verarbeitet sie so. Manche schreiben Tagebuch, er schreibt seine Lieder – das ist so etwas wie Therapie für ihn.
- Es gibt Musik, bei der ich nicht ruhig sitzen bleiben kann. Wenn ich sie höre, dann muss ich aufspringen, mich bewegen und durch den Raum tanzen.

Gesang: »Heal the world« von Michael Jackson

Mehr als Worte sagt ein Lied / 2. Teil

Einleitung
Irgendwann während des Konfirmationsunterrichtes hat eine von euch gefragt: Was hat dieses Thema »Musik ist unser Leben« eigentlich mit Gott und Kirche zu tun?
Singt Gott? Wenn – wie erzählt wird – die Engel tanzen, dann wird Gott, der ein Mensch wurde, auch singen. Schon vor Tausenden von Jahren wurde erzählt, dass Gott Lieder, Gesang und Tanz gefallen: »Rühmt Gott mit Posaunenschall, rühmt ihn mit Harfe und Zither. Rühmt ihn mit Pauke und Reigentanz, rühmt ihn mit Saitenspiel und Schalmei. Alles, was Atem hat, rühme Gott«, heißt es im Liederbuch der Bibel, den Psalmen (Ps 105).
Aber welche Lieder singt Gott, welche Lieder gefallen ihm?
Sie kennen den Spruch »Böse Menschen haben keine Lieder« – aber diese Volksweisheit ist falsch – auch böse Menschen haben Musik und Lieder.

Es gab und gibt Musik und Lieder, die Menschen verführen wollen, zu hassen und gewalttätig zu werden. Dazu gehören einige Lieder des »Bösen Onkels« und auch Lieder von »Eminem«. Es gab und gibt Lieder, die Menschen in den Krieg ziehen lässt. Leider ist auch die Bibel nicht frei von solchen Menschen verachtenden Liedern: So wird im Buch Josua erzählt, dass das Volk Israel Jericho im Krieg erobern und zerstören will. Und Gott sprach: » Lass sieben Priester die Posaune blasen und Kriegsgeschrei erheben und die Stadtmauer von Jericho wird einfallen und ihr werdet die Stadt zerstören« (Jos 6). So geschah es und sie töteten mit der Schärfe des Schwertes Männer und Frauen, Jung und Alt. Dieser Gott, der vor Jericho die Posaunen zum Krieg blasen lässt, ist nicht der Gott, an den ich glaube. Der Gott, an den ich glaube, ist der Gott, der Leben ist und Leben schützt. Seine Lieder sind Lieder der Liebe und des Friedens. Seine Musik ist Musik, die Menschen zusammenführt und nicht trennt. Seine Lieder sind Lieder der Versöhnung und nicht des Hasses. Es gibt ein wunderschönes Lied in der Bibel, in dem der Gott der Liebe besungen wird. »Denn ich bin hungrig gewesen und ihr habt mir zu essen gegeben. Ich bin durstig gewesen und ihr habt mir zu trinken gegeben. Ich bin ein Fremder gewesen und ihr habt mich aufgenommen. Ich bin krank gewesen und ihr habt mich besucht. Ich bin im Gefängnis gewesen und ihr seid zu mir gekommen. Was ihr getan habt einem meiner geringsten Brüder, das habt ihr mir getan.« (Mt 25,35ff.)

Ich wünsche euch, dass ihr scharf unterscheiden lernt zwischen bösen, Menschen zerstörenden Liedern und Musik und Liedern, die Menschen heilen, die ihnen gut tun und sie zu einer Gemeinschaft werden lassen. Ich wünsche euch, dass ihr Lieder der Liebe singt und nicht Lieder des Hasses, dass ihr Musik liebt, die euch heilt und gut tut, Musik, die zu Herzen geht und Menschen stärkt und nicht zerstört.

»Musik ist unser Leben« – Was hat das eigentlich mit Gott zu tun?

Hören wir nun wieder euch.

Konfirmandinnen und Konfirmanden erzählen

- Mehr als Worte sagt ein Lied, mehr als Worte sagt Musik – das galt zu jeder Zeit. Das war schon vor Tausenden von Jahren so – wir haben es in der Bibel nachgelesen und waren erstaunt, dass Musik zu allen Zeiten eine ähnliche Bedeutung gehabt hat.

- Vor Tausenden von Jahren konnte man durch Musik ein anderer Mensch werden. Menschen können aus sich herausgehen und ihre Gefühle zeigen. So wird in der Bibel erzählt, dass Menschen durch das Spiel der Harfe, Pauke, Flöte und Zither in Verzückung gerieten, sich die Kleider herunterrissen und nach stundenlangem Taumel erschöpft zu Boden fielen (2 Kön 3,15). Von vielen Leuten wurden diese Menschen schon damals für verrückt gehalten. Ähnliches ist heute bei der Love-Parade in Berlin oder bei Discos, wenn Jugendliche laut schreien und kreischen und durch den Raum springen zu den Rhythmen ihrer Musik.

- Schon vor langer Zeit verschönte Musik die Arbeit. Die Arbeit ging leichter von der Hand, wenn sie mit Musik und Gesang begleitet wurde. So sangen die Hirten und spielten Flöte oder Zither während ihrer Arbeit (Ps 150,4). Auch wir hören bei den Hausaufgaben unsere Musik. Auch bei Hausarbeiten, wie zum Beispiel beim Staubsaugen, hören wir Musik – die Arbeit geht dann leichter von der Hand.

- Musik hat Menschen sogar geheilt. So wird erzählt, dass David die Harfe spielt, wenn ein böser Geist über Saul kam und Saul ängstlich und aggressiv wurde. Es wurde dann durch das Harfenspiel besser mit Saul und der böse Geist wich von ihm (1 Sam 16,23). Bis heute kann Musik heilen. Bei Meditationsmusik können Menschen entspannen. Es gibt Musik-Therapie für Kranke und meine schlechte Laune verfliegt, wenn ich Musik höre.

- Musik begleitet das Leben der Menschen. Es wurde gesungen und Musik gespielt bei Festen und Feiern, bei Hochzeiten, beim Abschied, beim gemeinsamen Essen. Wenn man zusammensaß mit Freunden oder in der Familie und Gruppe, dann ertönten Musik und Lieder. Musik entspricht immer den augenblicklichen Stimmungen der Menschen, ihrer Angst und ihrer Freude, ihrer Trauer und ihrem Zorn.

Musik der Jugend-Band

Gedanken der Eltern:
»Wie die Alten sungen, so zwitschern auch die Jungen«. Sicher schwärmt ihr für andere Musik als eure Eltern. Aber eure Eltern und Großeltern prägen und beeinflussen euch viel mehr und tiefer, als ihr es heute viel-

leicht ahnt und wisst. Eure Eltern sind eure Begleiter im Leben. Ihr werdet sie ein Leben lang nicht los. Vater und Mutter sind in euch und begleiten euch ein Leben lang. Einige von ihnen haben sich zusammengesetzt und sich überlegt, was ihnen für euch wichtig ist. Diese Gedanken wird jetzt der Vater eines Konfirmanden stellvertretend für alle Eltern vortragen.

Musik der Jugend-Band

Konfirmanden verschenken Rosen

Auch ihr begleitet eure Eltern. Gebt ihnen Lebenskraft und Lebensmut und kostet nicht nut Mühe und Nerven. Jetzt wollt ihr euren Eltern etwas schenken. Ein kleines Zeichen eurer Zuneigung und Liebe. Eine Konfirmandin wird uns sagen, was das ist und warum ihr das tut.

Konfirmandin:

Liebe Eltern! Diese Rosen schenken wir euch. Diese Rosen geben wir euch. Sie sind ein kleines Zeichen unserer Zuneigung. Diese Rosen schenken wir euch. Nehmt sie mit in diesen Tag. Dieses Zeichen ist größer als viele Worte. Dieses Zeichen ist überzeugender als viele Reden. Diese Rosen sind ein Zeichen der Liebe.

Die Konfirmandinnen und Konfirmanden haben vor der Konfirmation Geld eingesammelt. Eine Konfirmandin hat die Rosen gekauft. Sie standen während der Konfirmation vorne auf einem Tisch neben dem Altar.

Lied: Wir singen: Wenn das Brot, das wir teilen, als Rose blüht (EG 667 Westfalen)

Anrede

an die Konfirmandinnen und Konfirmanden und an die Eltern

Liebe Mädchen und Jungen!

Zwei Jahre haben wir einen Weg gemeinsam zurückgelegt. Wir haben miteinander gesprochen, gespielt, gemalt und gesungen. Wir haben Wochenenden miteinander verbracht, gemeinsam gekocht und gegessen.

Wir haben versucht, herauszufinden und zu erleben, wie ein Christ im Alltag leben kann.

Wir haben versucht, offen miteinander umzugehen. Jeder konnte sagen, was er fühlte und dachte – ohne Stress und Zwang.

Wenn jemand schweigen wollte, dann durfte er das. Wir haben ihn nicht gezwungen zu reden.
Wir haben versucht, zusammen zu sein, ohne dass einer ausgestoßen, lächerlich gemacht oder links liegen gelassen wurde.
Selbst wenn uns das nicht immer gelungen ist. Wir haben es doch versucht.
Ich hoffe, ihr habt in diesen zwei Jahren erlebt, was christliche Gemeinde bedeutet: Einer macht dem anderen Mut, engt ihn nicht ein, sondern hilft ihm, seinen eigenen Weg zu finden.
Menschen, die so mit uns umgehen, brauchen wir alle fast jeden Tag. Daher hört in diesem Sinne die Konfirmation nicht mit dem heutigen Tag auf. Sie beginnt auch nicht, denn Menschen, die uns Mut machen, die uns stärken und unsere Freiheit respektieren, brauchen wir tagtäglich.

Liebe Eltern!
Manchmal ist es schmerzlich festzustellen, dass Kinder ihre eigenen Wege gehen und vielleicht anders werden, als sie es sich vorgestellt haben.
Bleiben sie die Begleiter ihrer Kinder.
Versuchen sie nicht, sie zu ihrem Abbild zu machen. Achten sie ihre Freiheit.
Sie werden viel Zeit dafür brauchen und Einfühlungsvermögen; dazu die Bereitschaft, sich selbst in Frage stellen zu können.
Wir alle wünschen uns, dass zwischen diesen Jugendlichen und uns Vertrauen und Liebe erhalten bleiben.
Uns verbindet der Glaube, der uns immer wieder Mut zum Leben macht.
Mit den Worten eines Glaubensbekenntnisses sprechen wir das gemeinsam aus:

Glaubensbekenntnis

Segen

Ermutigung der Konfirmandinnen und Konfirmanden
Wir wollen diese Mädchen und Jungen jetzt segnen, das heißt ihnen mit Worten, die die Jugendlichen füreinander ausgesucht haben, nicht jeder für sich selbst, sondern einer für den anderen, mit diesen Worten wollen wir ihnen Mut zusprechen. Mut für den Weg des Glaubens, der Hoffnung und der Liebe.

Die Jugendlichen haben im Konfirmationsunterricht jeweils ihren Namen auf einen Zettel geschrieben. Jede/r hat einen Zettel mit einem anderen Namen gezogen und für die/den Betroffenen aus einer Liste mit Sprüchen einen Spruch ausgesucht. Fand die/der Jugendliche den Spruch für sich passend, dann hat er/sie ihn als Konfirmationsspruch gewählt.

Nicht nur Pfarrerinnen und Pfarrer können segnen, sondern jeder von ihnen kann das: Jemandem etwas Gutes tun oder sagen (benedicere). Auch unsere Geschenke drücken nichts anderes aus: Sie sind ein Reisesegen für das Leben.
Wir wollen diese Mädchen und Jungen jetzt segnen.
Bitte tun sie das auch – jeder im Stillen für sich- als guten Wunsch für diese Jugendlichen:
Ich denke an dich.
Du bist nicht allein.
Ich bin froh, dass es dich gibt.
Ich wünsche dir Gutes.
Dabei ist uns bewusst, dass Segen die Kraft gelingenden Lebens ist. Im Segnen und Segen ist die Erfahrung gespeichert, dass wir über das Gelingen unseres Lebens nicht verfügen können. Segen kommt nicht als Ergebnis planmäßigen Tuns. Er wird uns geschenkt, wie das Leben und wie die Liebe.

Musik der Jugend-Band

Vaterunser

Lied: Wir singen: Halte deine Träume fest (aus: Feiert Abendmahl, Bd. 49/50, Beratungsstelle für die Gestaltung von Gottesdiensten, Frankfurt/Main 1987, Lieder-Anhang, 36)

Feier des Abendmahls

Das Brot für das Abendmahl haben die Konfirmandinnen und Konfirmanden am Samstag vor der Konfirmation gebacken.

Schluss-Segen

Predigten und Ansprachen

Wie eine Gruppe funktioniert

Ansprache im Gottesdienst zu Beginn der Konfirmandenzeit

Text: 1 Kor 12,12-26

Markus Beile

Liebe Gemeinde!

Das Kennenlernwochenende war ganz schön intensiv. Die Konfis haben einander kennen gelernt, sie haben die Räume des Gemeindehauses und der Kirche kennen gelernt – in einem Blindspaziergang. Wir haben uns mit Rätselfragen befasst, die uns Menschen ein Leben lang begleiten: »Was ist die Zeit?« »Wer bin ich«. Ja, und dann haben wir uns auch mit dem Thema »Gruppe« befasst. Die Konfirmanden bilden ja jetzt für ein dreiviertel Jahr eine Gruppe. Wir haben mit Bauklötzen eine typische Gruppe von Jugendlichen gestellt und diese näher betrachtet. Wie ist so eine Gruppe von Jugendlichen aufgebaut?

Da gibt es den Chef in der Gruppe. Manchmal sind es auch mehrere Chefs. Die Chefs bestimmen, was gemacht wird. Wenn sie sagen: »Wir gehen runter zum See und machen einen drauf«, dann gibt es da keine Widerrede. Schließlich sagt ja der Chef, wo es langgeht.

Dann gibt es in der Gruppe die Mitläufer. Die Freunde des Chefs. Sie machen das, was der Chef sagt. Ihre Stellung in der Gruppe ist ziemlich gut. Sie stützen den Chef, haben sich ihm aber unterzuordnen. Kritisieren kann man den Chef nur ganz vorsichtig, sonst verliert man seine Stellung als Freund des Chefs und gehört zu denen, die Außenseiter in der Gruppe sind.

Die gibt es nämlich auch, die Außenseiter. Das sind die, die nicht alles mitmachen oder aus anderen Gründen in der Gruppe nicht hochkommen. Die Außenseiter werden in der Gruppe geduldet. Aber sie stehen in der Gefahr, aus der Gruppe herauszufallen.

Für alle ist so eine Gruppe ziemlich anstrengend: Der Chef muss immer locker sein, er muss immer Ideen einbringen, sonst ist seine Stellung als Chef gefährdet. Für die Mitläufer ist so eine Gruppensituation nicht sehr befriedigend. Sie haben sich nach dem zu richten, was der Chef sagt. Das

Gleiche gilt verschärft für die Außenseiter, die sich Kritik am Chef nicht leisten können.
Eine Idealgruppe ist so eine Clique nicht. Da waren wir uns alle einig. So soll es in der Konfirmandengruppe im nächsten dreiviertel Jahr nicht sein: hierarchisch geordnet mit dem Chef oben, den Mitläufern in der Mitte und den Außenseitern ganz unten. Das wollte niemand der Konfis. Eine Idealgruppe sieht ganz anders aus: Jeder soll die gleichen Rechte haben, Außenseiter und Chefs soll es nicht geben.
Wie könnte so eine Gruppe funktionieren? Der Apostel Paulus hat vor immerhin fast zweitausend Jahren ein berühmtes Bild für solch eine ideale Gruppengemeinschaft geprägt. Ich lese aus seinem 1. Brief an die Korinther, im 12. Kapitel. Da zeichnet der gute alte Paulus meines Erachtens ein ganz modernes Bild einer idealen Gemeinschaft. Er schreibt:
Der Körper des Menschen ist einer und besteht doch aus vielen Teilen. Aber all die vielen Teile gehören zusammen und bilden einen unteilbaren Organismus. So ist es auch mit der Gemeinschaft von Christen. Ein Körper besteht nicht aus einem einzigen Teil, sondern aus vielen Teilen. Wenn der Fuß erklärt: »Ich gehöre nicht zum Leib, weil ich nicht die Hand bin« – hört er damit auf, ein Teil des Körpers zu sein? Oder wenn das Ohr erklärt: »Ich gehöre nicht zum Leib, weil ich nicht das Auge bin« – hört er damit auf, ein Teil des Körpers zu sein? Es gibt viele Teile, und alle zusammen gehören zu dem einen Körper. Das Auge kann nicht zur Hand sagen: »Ich brauche dich nicht!« Und der Kopf kann nicht zu den Füßen sage: »Ich brauche euch nicht!« Wenn irgendein Teil des Körpers leidet, leiden alle anderen mit. Und wenn irgendein Teil geehrt wird, freuen sich alle anderen mit.
Die christliche Gemeinschaft – um die geht es Paulus als einem christlichen Missionar –, die christliche Gemeinschaft wird mit einem Körper verglichen, mit einem lebendigen Organismus.
Ein Körper hat unterschiedliche Körperteile: Da gibt es den Fuß, die Hand, das Ohr, das Herz und vieles andere mehr. Die Konfirmanden haben sich gestern – ohne zu wissen, welchen Hintergedanken ich noch habe – jeweils einem Körperteil zugeordnet, haben sich mit ihm identifiziert. Sie sehen es auf unserem Bild.
Ein Körper hat unterschiedliche Körperteile, und jedes von ihnen erfüllt im Rahmen des Organismus eine wichtige Funktion. Aber: Die Funktionen sind unterschiedlich. So ist es auch in einer Gruppe: Jeder ist anders. Jeder hat sein Talent, seine Begabung, seine Funktion in einer Gruppe.

Jeder ist etwas Eigenes. Es ist albern, wenn ein Fuß versucht, die Funktion des Auges zu übernehmen. Genauso ist es albern, wenn einer in einer Gruppe versucht, einem andern etwas nachzumachen, was gar nicht zu ihm passt. Jeder soll in einer idealen Gruppe so sein dürfen, wie er ist, und soll sich nicht verbiegen müssen. Wollen wir hoffen, dass uns das im nächsten dreiviertel Jahr wenigstens ein Stück weit gelingt.
Mit einem lebendigen Organismus vergleicht Paulus eine ideale Gemeinschaft. Alle Teile in einem Organismus sind wichtig. Fuß und Hand, Auge und Ohr: Alles wird gebraucht. Genauso in unserer Konfirmandengruppe: Die Großen und die Kleinen, die Mädchen und die Jungen, die Leisen und die Lauten (letzteres sage ich natürlich schweren Herzens). Alle sind gleich wichtig. Die Hand herrscht bei einem Körper nicht über den Fuß, das Auge nicht über das Herz. So soll es auch in einer Gruppe sein: Keine Hierarchien. Keinen Chef, keine Außenseiter soll es geben. Alle sind gleichberechtigt.
Und noch etwas Drittes macht den Vergleich zwischen dem Körper und einer Gemeinschaft lehrreich: Bei einem Körper gehört alles zusammen und braucht sich. Wenn ein Teil des Körpers leidet, sagt Paulus, dann leidet der ganze Körper mit. Wenn ein Teil des Körpers sich freut, dann freut sich der ganze Körper mit. Und so ist es auch in einer Gemeinschaft, einer Gruppe: Jeder beeinflusst jeden. Wenn es einem schlecht geht, dann steckt das die anderen an. Wenn einer eine besonders gute Laune hat, dann wirkt sich das ebenfalls auf die anderen aus. Seid deshalb sensibel füreinander und seid euch eurer Verantwortung innerhalb eurer Konfirmandengruppe bewusst!
Der Testfall für eine gute Gruppe ist, wie sie reagiert, wenn es einem schlecht geht. Ich habe das eindrucksvoll bei der Fußball-WM erlebt, was das heißt, eine gute Gruppe zu sein. Sowohl bei den Engländern im Viertelfinale als auch bei den Deutschen im Finale kam die Niederlage vor allem durch einen Torwartfehler zustande. Es wäre für die Mitspieler ein Leichtes gewesen, die Schuld dem Torhüter in die Schuhe zu schieben und sich selbst reinzuwaschen. In beiden Fällen war es anders. Ich fand es beachtlich, wie in beiden Fällen die Feldspieler nach dem Spiel demonstrativ zum Torhüter gegangen sind und ihn umarmt haben. Das zeichnet eine gute Gemeinschaft aus: Keine Schuldzuweisung, sondern in der Niederlage zusammenzustehen. Sie sehen, man kann bei solch einer Fußball-WM einiges lernen!

Paulus bezeichnet die ideale Gemeinschaft, die er mit einem Körper vergleicht, als Leib Christi. Das ist ein starker Vergleich und nimmt uns gewaltig in die Pflicht. An der Art, wie wir Christen als Gemeinschaft miteinander umgehen, die Konfirmanden wie wir »Alten«, an der Art des Umgangs soll man Christus erkennen.
Kirche als Leib Christi. So wie wir miteinander umgehen, wie wir den Wert eines jeden beurteilen, in alledem soll etwas von der Person Jesu Christi durchscheinen: Er hat die Menschen nicht nach ihrer Stellung beurteilt, sondern hat sich gerade für die Schwächeren interessiert. So soll es auch bei uns in der christlichen Gemeinschaft sein. Er hat jeden Menschen gleich wichtig genommen und keine Hierarchien aufgebaut. So soll es auch bei uns sein. Er hat jeden Menschen ernst genommen, so wie er war, niemand brauchte ihm etwas vorzuspielen. So soll es auch bei uns sein.
Kirche als Leib Christi. Das ist ein hohes Ideal. Wir werden daran immer wieder scheitern. Aber vielleicht gelingt es uns, vielleicht gelingt es euch Konfirmanden, etwas davon umzusetzen. So dass ihr später einmal sagen könnt: Es war ein gutes Konfirmandenjahr. Amen.

Was ist die Seele?

Predigt über Mt 16,26 im Gottesdienst zu Beginn der Konfirmandenzeit

Götz Brakel

In der Konfirmandenstunde, die dem Einführungsgottesdienst für die neue Gruppe vorangeht, sehen wir einen Videofilm über den Wert der Seele. Dazu verteile ich einen Fragebogen (Lückentext) mit der Bitte, ihn während der Vorführung zu ergänzen (Lösungen s. unten im Anschluss an den Fragebogen).
Der Film »Bart verkauft seine Seele« (Bart sells his soul) dauert ca. 25 Minuten und ist auf Video erhältlich bei: Die Simpsons – Himmel & Hölle, Preis EUR 9,99. Zur religiösen Thematik bei der Serie »Die Simpsons«:

Magazin für Theologie und Ästhetik 22/2003; http://www.theomag.de/22/am83.htm

Fragebogen: Was ist die Seele?
L.: Deine Seele ist das einzig W...... an dir. Die Seele ist physisch vorhanden. Sie ist das Symbol für die g...... E...... in uns. – Deine Seele ist das Einzige an dir, was e...... l....... Jetzt kann M. über dich v...... über Zillionen Jahre.
Was geht B. verloren, als er seine Seele verkauft hat?
Sein Atem ......
Die Automatiktüren ......
Die Tiere ......
Er kann nicht mehr l...... »Denn das L...... ist die S...... der Seele.« (Pablo Neruda)
»Als ob ich keine Seele hätte?!« »Ach Schatz, du bist doch kein M.......«
Meine Seele ist mein bester F.......
Meine Seele ist wie ein S......, das nie k...... geht.
Welche dieser Behauptungen findest du richtig? Was ist übertrieben, wie es im Film üblich ist?
L.: Manche Philosophen behaupten, dass niemand mit einer Seele g...... wird, dass man sie sich verdienen muss durch L...... und N...... und B.......«
Was meinst du dazu? Lies außerdem folgende Bibelstellen und nimm Stellung?
5 Mose 4,29; Psalm 63,2; Matthäus 16,26

Lösungen: Wertvolle, guten, Empfindungen, ewig, lebt, verfügen, ist kalt, öffnen sich nicht, mögen ihn nicht, lachen, Lachen, Seele, Monster, Freund, Spielzeug, kaputt, geboren, Leiden, Nachdenken, Beten

Predigt über Matthäus 16,26
Liebe Gemeinde, wir leben in einer Welt, in der sich das Wissen explosionsartig vermehrt. Was wir Erwachsenen gestern als Wahrheit gelernt haben, ist heute kalter Kaffee. Vor einiger Zeit ging es durch die Zeitungen, dass Wissenschaftler den genetischen Code, alle Erbinformationen des Menschen, entschlüsselt haben, und eine Zeitung hat mehrere Seiten voller unverständlicher Zahlen abgedruckt.

Gut, dass wir das nicht im Konfirmationsunterricht lernen müssen. Ich könnte es euch auch nicht beibringen. Stattdessen behandeln wir Fragen, was die Schöpfungsgeschichte bedeutet, dass man den Namen Gottes nicht missbrauchen soll, was ein Schuldiger ist, wo das Matthäusevangelium in der Bibel zu finden ist und in welche Himmelsrichtung die Längsachse einer Kirche zeigt. Auch wenn die Methoden des Unterrichts sich gegenüber früher unterscheiden, und zwar erheblich, lernt ihr im Prinzip etwas, was schon die meisten eurer Eltern im Konfirmationsunterricht gelernt haben. Und eure Großeltern auch schon.

Da könnte man auf die Idee kommen: neue Methoden – gut und schön, Verpackung ist wichtig, aber was drin ist, ist doch eigentlich wesentlich. Sollte der Konfirmationsunterricht nicht nur neu verpackt werden, sondern sich auch mit modernen Inhalten beschäftigen? Fast zwei Jahre Unterricht, jede Woche eine Stunde, so viel Aufwand für überholte Wahrheiten?! Was treibt dagegen das Leben der Jugendlichen heute um: Computer, Internet, Lehrstellenmangel, Rechtsradikalismus, wie man Superstar wird oder mit welchem Beruf man viel Geld verdient. Im Vergleich dazu wirken die Themen des Konfirmationsunterrichts ziemlich altbacken? Ist es deshalb vielleicht überflüssig, sich damit zu beschäftigen?

Ich glaube nicht, und ich möchte an einem alten Thema des Konfirmationsunterrichts vorführen, was das austrägt, sich den Inhalten des Glaubens zuzuwenden und daran zu arbeiten, mögen sie noch so altmodisch erscheinen. Ein altes Thema der Bibel, und nicht nur der Bibel, sondern vieler Denker und frommer Menschen der Weltgeschichte, ist: Was ist die Seele? Die Wissenschaftler, die den menschlichen Gencode entschlüsselt haben, haben sie nicht entdeckt. Gibt es sie überhaupt?

Zu dieser Frage haben wir in der letzten Woche einen Film gesehen, und zwar einen Zeichentrickfilm, eine Folge der erklärten Lieblingsfernsehsendung vieler Konfirmandinnen und Konfirmanden, den Simpsons. Die Simpsons sind eine amerikanische Durchschnittsfamilie, Vater, Mutter mit einem Baby und zwei etwas älteren Kindern, Bart, einem ca. 8 Jahre alten Rotzbengel, wie es früher geheißen hätte, und der etwas jüngeren Lisa, einen Bücherwurm, klug, strebsam und deshalb ein bisschen allein unter den anderen Kindern.

Wir haben die Folge gesehen, in der Bart für 5 Dollar an seinen Freund Millhouse seine Seele verkauft: er hält die Seele nämlich für eine Erfindung der Kirche, um Kindern Angst einzujagen. Als Lisa von dem Geschäft erfährt, sagt sie zu ihrem Bruder: »Was hast du getan, Bart? Deine Seele ist das einzig Wertvolle an dir. Die Seele ist physisch vorhanden. Sie ist das Symbol für die guten Empfindungen ins uns. – Deine Seele ist das Einzige an dir, was ewig lebt. Jetzt kann Millhouse über dich verfügen über Zillionen Jahre.«

Und tatsächlich passieren Bart merkwürdige Dinge. Die Automatiktür im Supermarkt öffnet sich nicht für ihn; als er auf die Glastür des Gefrierschranks haucht, kondensiert sein Atem nicht am Glas. Die Hauskatze flieht vor ihm; der Hund knurrt ihn an. Er kann über seine Lieblingssendung im Fernsehen nicht mehr lachen; noch nicht einmal, als sein Vater auf Barts Skateboard tritt, durch das Haus schießt und schließlich mit seinem Kopf zwischen den Streben der Treppe landet. Lisa kann es erklären und hat einen Spruch von Pablo Neruda parat: »Das Lachen ist die Sprache der Seele.« Und als seine Mutter ihn vorm Schlafengehen in den Arm nimmt, bemerkt sie, dass ihm etwas fehlt. Bart sagt: »Als ob ich keine Seele habe!?« Darauf die Mutter: »Ach Schatz, du bist doch kein Monster.«

Bart schläft ein und hat schreckliche Albträume. Alle Kinder sind an einem großen See und spielen mit ihren Seelen, die wie durchsichtige Doppelgänger aussehen. Ein Mädchen ruft – ihre Seele an der Hand: »Meine Seele ist mein bester Freund.« Eine andere: »Meine Seele ist ein Spielzeug, das nie kaputtgeht.« Und als alle sich ein Ruderboot greifen, sitzt Bart allein im Boot. Alle anderen haben ihre Seele, die ein Ruder ergreift, um zusammen mit dem Kind zu rudern und die glitzernde Stadt mitten im See zu erreichen. Barts Arme sind zu kurz, um beide Ruder zu führen, und mit einem Ruder kann er nur im Kreis fahren. So geht es jemandem, der oder dem die Seele abhanden kommt.

Im Unterricht haben wir natürlich herausgefunden, dass man nicht seinen Atem verliert, wenn man seine Seele verkauft hat, dass Automatiktüren sich weiterhin öffnen – auch ohne Seele. Aber schon bei der Frage, ob Tiere auf Menschen ohne Seelen anders reagieren, waren wir uns nicht mehr ganz einig. Und dass die eigene Seele ein guter Freund sein kann, da waren wir ziemlich sicher. Weniger, ob sie ein Spielzeug ist, das nie kaputtgeht.

Denn Jesus – das haben wir dann nachgelesen – hat einmal gesagt: Was hülfe es dem Menschen, wenn er die ganze Welt gewönne und nähme doch Schaden an seiner Seele? Oder was kann der Mensch geben, womit er seine Seele auslöse? (Matthäus 16,26) Also, Jesus meint, unsere Seele geht möglicherweise nicht kaputt, aber sie kann schwer beschädigt werden. Die Konfirmanden wussten auch, wie das geschehen kann: Wenn einer von seinen Eltern fertig gemacht wird oder wenn jemand sexuell missbraucht wird, dann geht die Seele kaputt. Genauso, wenn jemand nie Erfolg hat und nicht geliebt wird.

Auf meine Frage, ob man auch seiner eigenen Seele Schaden zufügen kann, fiel die Antwort schwerer. Wie kann jemand sich selber schaden; jeder und jede ist doch auf das eigene Wohl aus, sich selbst zu verwirklichen. Ich glaube, da sind diese Jugendlichen Kinder unserer Zeit. Wir denken heute, die eigenen Ideen verwirklichen, das kann niemals schaden. Nur keine Hemmungen!

Jesus steht in der Tradition der Bibel, wenn er sagt: Sei vorsichtig mit dir selber. Du kannst deine Seele beschädigen, und täusche dich nicht. Und schieb deine Beschädigungen nicht nur immer auf andere, die Verhältnisse oder dein persönliches Pech. Du selber bist mit im Spiel, wenn es um das Böse geht, auch bei dem Bösen, das du dir selber antust.

Dabei ist es ja in den seltensten Fällen so, dass Menschen auf das Böse direkt zugehen. Meist ist es eher so, dass wir etwas tun, was nicht direkt das Gute ist, weil das zu schwierig ist oder es unseren Zielen im Weg steht. Jesus sagt, häufig fügen wir unserer Seele Schaden zu, weil wir gewinnen wollen. Im Sport gewinnen – deshalb geben wir unserem Gegner den halb kaputten Tischtennisschläger. In der Schule als Einziger die beste Note gewinnen – deshalb sagen wir der Nachbarin falsch vor. Und irgendwann wollen wir auch in der Liebe gewinnen – da gibt es wirklich abscheuliche Tricks und schlimme Verhaltensweisen. Wir Erwachsenen kennen die französischen Krimis aus den 60er-Jahren voller Verbrechen aus Leidenschaft. Über Geld, und wie man dafür seine Seele verkauft, da brauchen wir keine Filme zu sehen, das kennen alle aus dem eigenen Leben.

All das kleinere und größere Schlimme, mit dem wir uns durch den Alltag schlängeln, all das ist nur Anzeichen dafür, dass wir so sehr gewinnen möchten – die ganze Welt. Immer raffen, immer siegen, immer mehr haben. Jesus sagt: Das nützt euch gar nichts, immer zu gewinnen, wenn eure Seele dabei Schaden nimmt. Und ihr Menschen habt aus eigenen Kräften wenig Möglichkeiten, sie wieder auszulösen, wenn sie verloren

ist. Dazu braucht ihr andere, andere Menschen und Gott. Ein weiterer Glaubenslehrer (Augustinus) hat es so gesagt: Meine Seele ist unruhig, bis sie in dir, Gott, Ruhe findet.
Ich habe die Jugendlichen gefragt, was das nun eigentlich ist – die Seele, und ob es sie gibt. Also eine meinte: Das ist alles das, was wir gefühlt haben in unserem Leben. Ein anderer hat gesagt: Es gibt die Seele und gibt sie nicht. Was für eine kluge Antwort am Anfang des dritten Jahrtausends! Wir haben den Menschen mit unseren Wissenschaften so ausgeforscht, dass vielleicht bald alle Fragen der Wissenschaften gelöst sind. Eine Seele haben wir nicht gefunden. Aber wenn wir meinen und so leben, als gäbe es sie nicht, dann gehen wir vor die Hunde, und die Wissenschaft kann uns nicht helfen. Deshalb müssen wir im Konfirmationsunterricht über die Seele nachdenken, damit wir die Fragen des modernen Lebens – Lehrstellenmangel, Internet, wie man Super-Star wird und ob man es überhaupt sollte – von außen beantworten können.
Ich weiß nicht, ob Bart am Ende des Films geglaubt hat, ob es eine Seele gibt; doch er ist verzweifelt. Egal, ob es sie gibt, ohne das Papier, mit dem er seine Seele an Millhouse verkauft hat, will er nicht weiterleben. Er versucht alles, um es zurückzukaufen. Doch Millhouse hat es an den Mann im Comicbuchladen weiterverkauft, und der Ladenbesitzer an einen geheimnisvollen Kunden.
Die letzte Szene des Films zeigt, wie Bart an seinem Bett kniet und betet. Da flattert das gesuchte Papier vor ihm auf die Bettdecke. Lisa war die geheimnisvolle Kundin und hat die Seele zurückgekauft. Sie hat wieder einen weisen Spruch bereit, wie man etwas Gutes für seine Seele tun kann: »Manche Philosophen behaupten, dass niemand mit einer Seele geboren wird, dass man sie sich verdienen muss durch Leiden und Nachdenken und Beten.« Warten wir damit nicht bis zur letzten Szene im Film unseres Lebens. Amen.

Gar kein alter Hut

Predigt mit Rap über Apg 8,26-39

Christian Schwarz

Liebe Konfirmandinnen und Konfirmanden, liebe Eltern, liebe Gemeinde!
»Verstehst du denn eigentlich, was du da liest?«, so fragt Philippus den Finanzminister aus Äthiopien. Und der kann ihm darauf nur antworten: »Wie soll ich das verstehen, wenn mir niemand dabei hilft?«
Als wir diese Geschichte im Unterricht gelesen haben, ist es euch Konfirmanden ähnlich gegangen wie dem Mann aus Afrika. Ihr seid vor der offenen Bibel gesessen und habt gelesen, aber mit dem Verstehen war das nicht so einfach. Das fing schon damit an, dass ihr gemerkt habt: Da kommen ja einige Worte vor, die wir überhaupt nicht kennen. Und damit auch der Rest der Gemeinde sehen kann, was das für Wörter waren, habe ich sie noch einmal aufgeschrieben. Wir wollen sie uns jetzt anschauen. *(Plakate werden gezeigt: »Kämmerer«, Kandake« etc.)* Ich lese sie einmal vor: ...
Damit wir uns nicht missverstehen: Ich will euch damit nicht bloßstellen. Niemand, der mit diesen Worten nichts anfangen kann, muss sich deswegen schämen. Und es gibt sicher auch einige von den Älteren hier im Gottesdienst, die mit dem einen oder anderen von diesen Worten ihre Probleme hätten.
Ihr Konfirmanden habt bei dieser Geschichte die Erfahrung gemacht: Selbst wenn ich mich anstrenge, verstehe ich vielleicht nur ›Bahnhof‹. Genauso wie der Finanzminister: Der las auch angestrengt seine teure Schriftrolle und – kapierte nichts. Es musste erst einer kommen und ihm erklären, was das alles bedeutet. Und auf einmal stellt er fest: Was hier steht, ist gar kein alter Hut. Das hat ja etwas mit mir zu tun. Diesen Jesus, den gibt's auch noch heute. Und da will auch er zu den Christen gehören und lässt sich taufen.

Unsere Konfirmanden, liebe Gemeinde, sind in der Mehrzahl schon getauft. Aber sie sind darauf angewiesen, dass jemand kommt und ihnen sagt, was ihre Taufe eigentlich mit ihrem Leben zu tun hat. Was Jesus Christus für uns bedeutet. *(evtl. Text eines Konfirmanden)* Dass Christsein mehr ist als Kirchensteuer zahlen und sich eines Tages kirchlich beerdigen lassen. Wie Christen ganz praktisch in einer Gemeinde zusammenleben, z.B. beim Heften des Gemeindebriefs, so geschehen gestern Nachmittag, und was für eine schöne Aussicht man vom Kirchturm hat. Wir Älteren können unseren Konfirmanden den Glauben nicht eintrichtern, wie das frühere Generationen teilweise mit Gewalt versucht haben. Den Glauben weckt und schenkt nur Gott allein. Und doch haben auch wir eine Rolle in diesem Stück. Wie Philippus sollen wir auf die Stimme hören, die zu uns spricht. Zu uns wird diese Stimme freilich nicht sagen: »Geh auf die einsame Straße, die von Breitenbronn nach Neckarkatzenbach führt!« Ich stelle mir vor, dass sie zu uns sagt: »Geh ruhig in deinen Gottesdienst, wo du immer hingehst. Aber geh mit wachen Augen und Ohren. Achte einmal auf die, die dort noch nicht so heimisch sind wie du. Und dann gib dir einen Ruck: geh mal hin zu ihnen nach dem Gottesdienst und sprich sie an: Fühlst du dich als junger Mensch denn wohl in unserem Gottesdienst? Kommst du zurecht mit den alten Liedern? Und wie gefällt dir eigentlich der Konfirmationsunterricht? Vielleicht ergibt sich auch ein Gespräch, in dem du von deinem eigenen Konfirmationsunterricht erzählst und von dem, was dir der Glaube durch die Jahre hindurch für dein Leben bedeutet hat.« So könnte die Stimme zu uns sprechen.

Liebe Gemeinde, was kann alles geschehen, wenn wir auf diese Stimme hören! Für die Konfirmanden wird einiges Fleisch und Blut gewinnen, was im Unterricht immer theoretisch bleibt. Sie werden Menschen kennen lernen, die in ihrem eigenen Leben erfahren haben: dieser Jesus hat etwas mit mir zu tun. Sie werden das Thema Kirche nicht nur im Heft stehen haben, sondern Kirche ansatzweise erleben. *[Hinweis auf Gemeindepraktikum oder Ähnliches]* In einem solchen Gespräch liegt auch für uns Ältere eine Chance. Wir entdecken Neues, wenn wir mit den Jungen über den Glauben und die Gemeinde sprechen. Denn wer Auskunft geben will, denkt von neuem nach über die Sache und macht sich wieder neu auf den Weg. Vielleicht könnte das auch für einige Eltern unserer Konfirmanden gelten. Die Konfirmandenzeit Ihres Kindes war auch eine Gelegenheit für sich selbst: sich wieder anzunähern, wieder Kontakt zu

knüpfen zur Gemeinde. Nutzen Sie diese Möglichkeit, sich auch selbst wieder auf den Weg zu machen. Wir alle fangen mit dem Glauben immer wieder neu an.
Und euch Konfirmanden möchte ich sagen: Eure Mühe lohnt sich! Vielleicht habt ihr es ja selbst gemerkt bei dieser Geschichte. Ihr habt euch um sie bemüht, habt sie in eure eigene Sprache übersetzt, habt sie gespielt, und auf einmal sagt sie euch mehr als vorher. Ich weiß, das ist anstrengend, aber ihr seid dabei nicht allein. Andere sind schon länger unterwegs als ihr und bieten euch ihre Hilfe an.

Vom äthiopischen Finanzminister heißt es am Ende der Geschichte in der Bibel: »Er zog fröhlich die Straße entlang.« Vielleicht hat er gesungen oder ein Liedchen gepfiffen in seinem Wagen. Ich stelle mir vor, es war ein Lied oder ein Gedicht für uns heute. Und dieses Lied haben uns die Konfirmanden mitgebracht. *(folgt Sprechgesang der Konfirmanden)*

RAP des äthiopischen Finanzministers

Ich fahre jetzt fort
an meinen Heimatort.
Ich bin jetzt ein Christ,
wenn ihr wisst, was das ist,
ja, von denen bin ich jetzt einer.
Doch Philippus, wenn der
nicht gewesen wär',
dann wär' ich heute noch keiner.

Er hat mir erklärt,
was Jesus tat und gelehrt.
Und ich seh' auf einmal,
was hier steht, ist genial:
Diesen Jesus, den gibt's auch noch heute.
Doch Philippus, wenn der
nicht gewesen wär',
hätt' ich nie 'was verstanden, ihr Leute!

Drum gebt alle Acht,
was ihr mit solchen macht,

die noch fremd sind wie ich,
denkt an Philippus und mich!
Sprecht sie an, nehmt sie auf, werdet Freunde!
Erzählt von Gott und der Welt,
von dem, der dich und mich hält,
wenn ihr's so macht, seid ihr eine Gemeinde!

Damit ihr anderen zum Segen werden könnt

Ansprache zur Taufe von sechs Konfirmandinnen und Konfirmanden

Doris Gräb

Liebe Konfirmandinnen, liebe Konfirmanden, liebe Gemeinde!
Unsere ehrwürdige Dorf-Kirche ist heute so festlich, so farbig – und so fröhlich. Ich sagte es schon zu Beginn. Weil ihr, Leo, Katharina, Nina, Theresa, Madeline, Johanna, weil ihr heute getauft werdet. Nichts mehr ist peinlich oder komisch – so, wie ihr es immer wieder befürchtet habt. Nein, gestern hatten wir einen wunderschönen Konfirmandentag, um uns auf diesen Gottesdienst vorzubereiten.

Wir hatten Zeit und Gelegenheit, miteinander zu reden, miteinander zu fragen, was Taufe meint, was zur Taufe gehört: das Wasser, das Licht. Das neue Leben – wie eine neue Geburt. Getaufte sind die Kinder ihrer Eltern. Sie sind aber auch Gottes Kinder. Deswegen die weißen Kleider.

Ich bin mir sicher, Babys wären zu solchen Gesprächen nicht imstande gewesen. Unsere Augen sehen heute mehr als sonst. Unser Herz spürt die Wärme, die von diesem Geschehen offenbar ausgeht. Und unsere Ohren, unser Verstand wollen jetzt auch noch einmal hören und verstehen. Denn ein wichtiges Element, das zur Taufe gehört, das kam bisher noch zu wenig zur Sprache. Nämlich eure Taufsprüche. Ihr habt sie euch ausgesucht. Ihr habt mir sogar Gründe genannt, warum ihr diesen, und keinen anderen gewählt habt. Und ihr habt am Dienstag, um das noch deutlicher zu machen, diese Sprüche farbig gestaltet.

Heute sagen wir euch diese Worte zu – sie sollen wie ein roter Faden sein, wie ein gutes Vorzeichen vor dem Leben, das vor euch liegt, auf das ihr euch freut, das ihr, wie alle Jugendlichen, voller Neugierde erst erobern wollt. Lasst sie mich alle jetzt sagen und so auslegen, wie ihr es am Dienstag schon getan habt:

Du, Nina, und du, Katharina, ihr habt euch dasselbe Wort ausgesucht. Vom Apostel Paulus an die ersten Christen in Rom geschrieben, und heute nun auch euch gesagt:
»Freut euch mit den Fröhlichen und weint mit den Weinenden.«
So, sagten wir am Dienstag, so sagtet ihr selber, so sollen sich Christenmenschen verhalten. Den anderen wahrnehmen, auf ihn eingehen, spüren, was der andere, die andere, denkt und fühlt, sich einfühlsam ihm oder ihr zuwenden. Das Leid und die Freude mittragen und sich nicht nur um sich selber drehen. Immer dessen bewusst bleiben, dass unsere Mitmenschen Gottes Kinder sind, wie wir selber auch; sie also als Geschwister betrachten, für die wir Verantwortung und Liebe empfinden. Ich denke, wenn uns das, wenn euch das gelingt, dann wird es zwar auch mal Streit geben, aber noch viel mehr Frieden und Versöhnungsbereitschaft – jedenfalls keine brutale Gewalt. Dann werdet ihr euren Mitmenschen zum Segen werden, ihnen zum Licht werden, wenn es dunkel um sie ist.

Du, Leo, du hast dir ebenfalls ein Wort des Paulus ausgesucht, an die Gemeinde in Philippi geschrieben – und auch eine Mahnung zu einem guten, christlichen Leben:
»Seid ohne Tadel und lauter, Gottes Kinder, unsträflich dadurch, dass ihr haltet an dem Wort des Lebens.«
Lebt, wie Gottes Kinder leben können: wahrhaftig, ehrlich, – so hast du es ausgelegt, Leo. Das alte Wort »lauter« ist uns nicht mehr so vertraut. Lebt so, dass ihr euch selber und euren Mitmenschen zum Leben verhelft, und zwar zu einem guten, menschenwürdigen Leben. – Jesus hat es so gesagt, in der Bergpredigt: Selig sind die Sanftmütigen. Selig sind die Friedensstifter. Selig sind die Barmherzigen.
Lebt danach, versucht danach zu leben, damit ihr euren Beitrag für eine

menschliche, friedliche Welt leistet. Erinnert euch in diesem Sinne immer wieder an eure Taufe. Daran, dass ihr Gottes Kinder seid und die anderen Menschen eben auch. Werdet so zum Segen, zum Licht für diese Welt.

Du, Theresa, du hast dir ein Psalmwort ausgesucht:
»Gott hat seinen Engeln befohlen, dass sie dich behüten auf allen deinen Wegen.«
Auch ein gutes Vorzeichen. Dir, euch, wird etwas versprochen. Engel werden dich begleiten, werden euch begleiten, egal, wo ihr auch seid. Wohin ihr auch geht. Dann, wenn's dir gut geht, aber auch dann, wenn du an Abgründe geraten solltest: Gott hat seinen Engeln befohlen, dass sie dich behüten. Dass sie die Hand über dir halten. Dass du nie allein bist.
Gewiss, das ist kein Garantieschein für ein gutes, glückliches Leben. Aber es tut so gut, das zu hören. Es tut so gut, das bei sich zu tragen. Es lässt uns, die Erwachsenen, Sie, die Eltern, gelassener werden im Blick auf diese heranwachsenden Kinder, die schon so bald ihre eigenen Wege gehen werden. Gott hat seinen Engeln befohlen, dass sie euch behüten ... Gott hält seine Hand über dir, über euch, damit euer Leben gelingen möge. Er will euch segnen.

Und da hinein gehört nun dein Taufspruch, Johanna, wieder ein Pauluswort, aus dem Hohenlied der Liebe:
»Alles wird aufhören, nur Glaube, Hoffnung und Liebe nicht; diese drei bleiben, aber die Liebe ist die größte unter ihnen.«
Was bleibt, wenn nichts mehr bleibt? So fragen wir manchmal. Wenn sich die Verhältnisse ändern. Die Lebensumstände. Was bleibt, wenn ihr euch, und so muss es ja auch sein, euch weiter entwickelt, weg entwickelt vom Elternhaus?
Paulus sagt: die Liebe bleibt. Und zwar: die Liebe Gottes zu euch, zu uns bleibt, die wir Gottes Kinder sind. »Er hat seinen Engeln befohlen ... Er wird dir, Johanna, er wird uns allen treu bleiben. Er will dich segnen, dich reich machen durch seine Güte, seine Liebe.

Und zuletzt noch das Wort, das du dir ausgesucht hast, Madeline: »Der Mensch sieht, was vor Augen ist, Gott aber sieht das Herz an.«

Du selber hast es so gesagt: Der Mensch sieht oft nur das Äußere und nicht die inneren Werte, die eigentlich wichtiger sind. Gott kann die inneren Werte sehen und einen Menschen erst richtig beurteilen.
Gott sieht das Herz an. Sieht es in Liebe an. So, wie ein Vater seine Kinder eben sieht. Vergebend, großmütig, auch dann noch großmütig, wenn im Leben nicht alles so kommt, wie ihr es wollt. Wie ihr es euch vorgenommen habt. Was können wir Besseres, Tröstlicheres hören?
Diese Worte werden wir euch jetzt gleich zusagen. Im wahrsten Sinne des Wortes auf den Kopf zusagen – in der Hoffnung, dass sie auch in euer Herz dringen. Dass ihr sie bei euch bewahrt wie einen kostbaren Schatz – und euch immer wieder daran erinnert.

Ich wünsche euch so sehr, euch, die ihr heute getauft werdet, aber auch euch, die ihr schon getauft seid und eure Taufe nun gleichsam noch einmal miterleben dürft, dass ihr es mit dem Herzen und dem Verstand begreift: Ich bin getauft. Ich bin Gottes Kind.
Seine Liebe ist wie ein Licht, das mein Leben hell macht. Wie das Wasser, das mich belebt, erfrischt, erneuert, mir das Leben lebenswert macht. Wie der Schutzengel, der seine Hand nicht von mir lässt. Gott segne euch – damit ihr anderen zum Segen werden könnt. Amen.

Das wichtigste Gottesbild

Ansprache zum Abendmahl

Doris Gräb

Liebe Eltern und Paten, liebe Konfirmandinnen und Konfirmanden, liebe Gemeinde!
Mein liebstes Gottesbild – so stand es auf euren Bildern, die wir eben gesehen haben und die ihr ausgelegt habt.
Wisst ihr noch? Zuvor hatten wir damals gefragt: Können wir uns Gott vorstellen? Und: Wie können wir uns Gott vorstellen?

»Du sollst dir kein Bildnis noch irgendein Gleichnis machen weder von dem, was oben im Himmel noch von dem, was unten auf der Erde ist.« So heißt es im 1.Gebot. Davon haben wir auch gesprochen. Eine von euch hat das auch sofort damals in die Diskussion gebracht. Ja. Und doch, und dennoch: Wie können wir uns Gott vorstellen? Müssen wir uns ihn nicht irgendwie doch vorstellen?
»Als ich ein Kindergartenkind war, da habe ich mir Gott vorgestellt als einen alten Mann mit weißem Gewand, der auf einer Wolke sitzt und dort oben mit den Engeln inmitten von Blumen wie im Paradies lebt.« So hat eine oder einer von euch damals geschrieben.
Und ein anderer: »Ich stellte mir als Kindergartenkind vor, dass Gott wie ein guter Mann ist, der guten Kindern jeden Wunsch erfüllt und will, dass alle Menschen glücklich sind.« –
Schöne Bilder. Wohltuende Bilder. Aber: sie gelten nicht mehr. Jetzt, wo ihr schon fast erwachsen seid. Solche Bilder habe wir im Laufe der Jahre abgelegt, so sagten wir. Und doch: Wie stellen wir uns Gott jetzt, heute, vor?
»Ich stelle mir Gott gar nicht mehr vor«, so habt ihr dann geschrieben. »Ich glaube aber, dass er in meinen Gedanken da ist. Alles, was mit uns passiert, wird von ihm geleitet – und alles hat einen Sinn. Gott zeigt uns den richtigen Weg, ein guter Mensch zu werden.« Solche klugen, philosophisch anmutenden Sätze habt ihr dann geschrieben. Sätze auch wie diesen: »Gott ist allgegenwärtig. Er ist wie der Sauerstoff. Er ist da. Man braucht ihn. Aber man sieht ihn nicht.«
Aber, aber, so fragten wir dann: Brauchen wir nicht doch Bilder? Brauchen wir nicht doch mehr als nur die Einsicht in die Unvorstellbarkeit? Wir schauten in die Bibel, insbesondere ins Alte Testament, und entdeckten auf einmal eine Fülle von Bildern. Solche Bilder, wie manche von uns, von Ihnen, den Erwachsenen, sie seit der Kindheit bei sich tragen: Gott – wie ein guter Hirte. Gott – wie eine erfrischende Quelle. Gott – wie eine wärmende, hell machende Sonne. Gott – wie ein beschützender Schirm. Wunderbare, wohltuende Bilder. Ich wünschte mir, dass ihr sie bei euch behaltet. Dass ihr sie aus unserem Konfirmationsunterricht mitnehmt und aufbewahrt, irgendwo, in einem Winkel eures Herzens und eures Kopfes.
Aber es gibt noch mehr wunderbare Bilder, wunderbare Bildergeschichten in der Bibel. Eine hat uns Sabine eben vorgelesen. Die Ge-

schichte von dem Vater, der seinem ziemlich mißratenen, nach unseren Begriffen total gescheiterten Sohn mit weit geöffneten Armen entgegenläuft, sich freut, dass er zurückkommt, und ein großes Fest feiert.
So ist Gott, sagt Jesus. So ist Gott, wie einer, der auf uns Menschen mit weit geöffneten Armen zugeht und sagt: Du bist mir wichtig. Du bist mir willkommen. Auch wenn du in deinem Leben noch so viel Mist gebaut, noch so viel Unsinn angerichtet hast. Auch wenn man dich eher für einen Versager, eine Gescheiterte hält. So ist Gott, sagt Jesus: Wie einer, der die Arme weit offen hat und einlädt. Alle einladen will.
Und dazu nun noch einmal ein Bild. Dieses Bild: Ein Wandbehang in der Hauskapelle einer evangelischen Kommunität. Ein Tisch. Menschen, um einen Tisch versammelt. Auf dem Tisch ein Kelch. Und etwas zu essen. Ein Brot vermutlich. Und dann, dann diese eine Gestalt, die das ganze Bild ausfüllt. Die Arme weit ausgebreitet, die alle umfassend, einschließend, die um den Tisch sitzen. Und der Körper, der reicht ja über den ganzen Tisch hinweg. Liegt praktisch auf dem Tisch: Jesus Christus, der Einladende.
Wir haben gestern, auf unserem Konfirmandentag, die Ursprungsgeschichte zu diesem Bild bedacht. Jesus, bei seinem letzten Abendmahl mit seinen Jüngern. Leonardo da Vincis Abendmahlsbild hat uns beim Verstehen gestern geholfen: Die Jünger, dieser bunt zusammengewürfelte, erregt diskutierende Haufen, damals an dem einen Tisch. Petrus, der Draufgänger. Matthäus, der Underdog, wie man heute sagt, der verachtete Zöllner. Judas, der Verräter, der Terrorist, so könnte man fast sagen. Leonardo hat uns sein Gesicht gar nicht gezeigt. Und Thomas, der Zweifler, der Ungläubige. Alle um einen Tisch. Und Jesus, Jesus in der Mitte, hier, und bei Leonardo da Vinci auch.
Und hier nun, auf diesem Bild, ähnlich wie bei Leonardo: An diesem Tisch sind noch Plätze frei. An den Längsseiten, an der Stirnseite. »Kommt, es ist alles bereit.« Kommt, ihr seid eingeladen, wer ihr auch, wie ihr auch geworden seid. Draufgänger und Versager, Aufwiegler und fast Ungläubige, kommt, ihr seid herzlich willkommen. Unfasslich, aber seit 2000 Jahren, seit den Anfängen der Kirche, ist nun dieses eigentlich das allerwichtigste Gottesbild: Jesus Christus, der alles, alle zu einer Gemeinschaft zusammenhält, zusammenschließt. Die weltweite Christenheit, von allen Ecken und Enden der Erde, alle Christen seit 2000 Jahren.

So unterschiedlich sie auch waren. So unterschiedlich sie auch sind, bis heute. Heute erst recht. In Rom und in Sibirien. Die chaldäischen Christen im Irak heute, die Christen im 4. Jahrhundert in Nordafrika oder in Konstantinopel, und die eher fundamentalistischen amerikanischen Christen in diesem Jahrhundert. Alle, alle gehören um diesen Tisch. Alle sind eingeladen, werden zusammengehalten von diesem die Arme weit ausbreitenden Christus.
Kaum zu fassen, und doch wahr. Für mich immer wieder faszinierend, dass auch ich dazugehöre. Dass ihr, unsere Konfirmanden, unsere bald Konfirmierten, nun auch dazugehört, an diesen Tisch, mit all den vielen anderen Christen, die vor uns gelebt haben, die heute leben, an allen Ecken und Enden der Erde.
Was uns verbindet – trotz aller Verschiedenheit? Drei Dinge sind es, drei Symbole, so meine ich. Das Wasser – durch die Taufe, das ist das eine. Und dann dieses beides, was hier auf dem Tisch liegt: Brot und Wein. Auch wenn der Papst in Rom in den vergangenen Tagen noch einmal eine Trennungslinie gezogen hat. Für uns evangelische Christen bleibt dies das uns seit den Anfängen der Kirche Verbindende, seit mehr als 2000 Jahren. Das Wasser der Taufe. Das Brot. Der Wein auf dem Tisch. Von Christus selber eingesetzt. Und diese Symbole, diese Zeichen nehmen euch Konfirmanden nun auch sichtbar hinein in diese Gemeinschaft der Christen.
Ich weiß, es ist nicht alles gut in dieser Christenheit, in dieser Kirche Jesu Christi. Es gibt dunkle Seiten – in der langen Kirchengeschichte, bis zum heutigen Tag. Es gibt aber auch die hellen Seiten, die ermutigenden Seiten, Gott sei Dank. Wie etwa sähe unsere Welt aus, wenn es das Gebot der Nächstenliebe, der Feindesliebe nie gegeben hätte? Was wäre aus der Menschheit geworden, wenn dieser Jesus von Nazareth damals nicht gepredigt hätte und es seither in seinem Namen nicht immer wieder gepredigt worden ist: Selig, die Friedfertigen. Selig, die Barmherzigen. Selig, die Sanftmütigen? Trotz der Perversionen, trotz der nicht aufhörenden Kriege, der nicht enden wollenden Feindschaften?
Ich sage es aus tiefstem Herzen: Ich bin froh, trotz allem froh, dass es diese Kirche gibt. Dass dieser Jesus uns einlädt, uns verbindet, uns zu einer weltweiten Gemeinschaft zusammenschließt. Dass er uns symbolisch an seinen Tisch lädt, zu Brot und Wein.
Kommt, kommt nun auch ihr Konfirmanden, es ist alles bereit. Kommt,

ihr gehört jetzt erst recht dazu. Seit eurer Taufe, und nun, wo ihr eure Taufe durch euren eigenen Willen bekräftigt und bestätigt. Sucht und fragt, was im Geiste dieses Jesus von Nazareth gut ist für euch, für euer Leben, für das Leben in dieser Welt. Kommt – ihr seid eingeladen. Kommt, es ist alles bereit. Amen.

Aktionen und Szenen

Vom Wasser des Lebens und den Kindern des Lichts

Eine kleine Taufrevue aus Spiel, Text, Bildern und Musik

Arno Schmitt

Der Altarraum ist festlich geschmückt. Zwei Birken begrenzen den Altar. Der Taufstein ist als Brunnen geschmückt. Die offenen Seiten des Raumes sind als »BilderGalerie« gestaltet (mit Werken von Marc Chagall, Joán Miró, Emil Nolde – dazu einigen selbst gemalten Collagen und Kalligraphien). Es sind nicht viele KonfirmandInnen, die sich in diesem Jahr auf das Fest ihrer Konfirmation vorbereitet haben. Ganze 18. In kleinen Grüppchen sitzen sie am äußersten Rand des Altarraums, halb der Gemeinde, halb dem Altarraum zugewandt. Über eine kleine Umwälzpumpe wird im Taufstein das Rauschen des Quellwassers erzeugt – das dauert einige Zeit und setzt sich einige Sekunden als leise Musik fort.

Liturg(in):
Die meisten von euch, liebe KonfirmandInnen sind getauft. E. und L. sind es noch nicht. Sie werden es in vierzehn Tagen: am Tag der Konfirmation. Noch ist Zeit. Und noch sind wir dabei, uns vorzubereiten. Denn Taufe und Konfirmation – das sind zwei Seiten der einen und selben Medaille. Was in der Taufe angefangen hat, von tief drunten (wie eine Quelle) Kraft entfaltet und ans Licht des Tages kommen will – ich hab' mir darüber Gedanken gemacht, weiß jetzt davon, möchte daraus nehmen, damit umgehen, es teilen mit anderen, rund um die Welt, und mit allen, die dazu gehören, »neu geboren« sein!

Sprecher 1:
Wie alt man sein kann – schon als Kind – als heranwachsender Junge, heranwachsendes Mädchen: vor ein paar Wochen, als wir »Wochenend-Werkstatt« machten und uns Geschichten des täglichen Lebens erzählten, haben wir es so getan:

Im Altarraum wird eine Wand aus Pappe mit einer Tür aufgestellt. Dazu ein Tisch, ein Stuhl, eine Kommode und ein Kleiderhaken (mit einer Jacke dran). Von der anderen Seite kommt Oliver. Er hat seine Schultasche in der

Hand, einen Schlüssel um den Hals. Er geht langsam, steigt über Dosen und verstreutes Papier, hält den Blick müde nach unten gerichtet. Oliver schaut sich um im Raum, bewegt sich mit schneller werdenden Schritten auf die Tür zu und ...

Oliver:
Ich hau' hier ab! Ich hau' hier ab! Wieder keiner da! Ich halte es nicht mehr aus! Ich hau' ich hier ab!

Oliver öffnet langsam die Tür und wirft sie mit einem lauten Knall zu. Seine Schultasche landet in der Ecke. Er hängt seinen Mantel an den Haken, geht zur Kommode – und liest den Zettel, der darauf liegt ...

Mutter:
Hallo Oliver! Bin bei der Arbeit! Komme erst spät zurück! Warte nicht auf mich! Wärm' dir die Suppe auf! Hab' alles vorbereitet!

Oliver legt den Zettel auf den Tisch. Schon beim Gehen, aber jetzt noch einmal: er wischt sich mit dem Arm die Tränen aus den Augen – und spricht vor sich hin ...

Oliver:
Niemand da! Schon wieder niemand! Vater – wer weiß wo! Mutter – bei der Arbeit! »Komm' irgendwann zurück – warte nicht auf mich!« Keiner da – keiner da!

Oliver geht zur Kommode, reißt ein Fach auf, greift nach der Tasche, geht zum Stuhl gegenüber, sammelt ein paar Kleider ein, schneidet sich ein paar Scheiben Brot, verpackt (was er kann) in seiner Tasche, holt den Parker vom Haken, geht zum Küchentisch, schreibt in aller Eile auf die Rückseite des Zettels ...

Oliver:
Bin hier! Und bin allein! Eure Suppe könnt ihr alleine auslöffeln! Ihr werdet mich so schnell nicht mehr wiedersehen! Oliver!

Er bleibt noch eine Weile, starrt auf das Geschriebene, zieht sich den Parker fest, nimmt die Tasche in die Hand, will gerade gehen – da geht die Außentür auf und eine Stimme ruft (von weit her) ...

Mutter:
Oliver! Oliver!

Oliver schaut zur Tür, bleibt wie angewurzelt stehen, ruft der Stimme entgegen ...

Oliver:
Mama! Bist du's? Ich wollte gerade gehen!
Fällt ihr um den Hals. Beide bleiben noch lange stehen.
Danach werden die Requisiten aus dem Altarraum geräumt. Die Musikgruppe nimmt die Melodie von »Fürchte dich nicht« auf und variiert sie das eine und andere Mal ...

Liturg(in):
Wer bin ich? Wem gehör' ich? Und worauf läuft's hinaus – mein Leben?

Sprecher 1:
Von alledem erzählt die Geschichte von den »Kindern des Lichts«. Und die beginnt – im Wasser. Bleibt mit Wasser immer verbunden. Von Marc Chagall gibt es Bilder hierzu – gemalt in den 30er-Jahren des letzten Jahrhunderts.
Über einen lichtstarken Spot wird das erste Bild der Reihe angestrahlt und hervorgehoben. Einige Sekunden Sehpause.

Sprecherin 2:
Vor vielen hundert Jahren wurde in Ägypten ein Junge geboren. Die Zeiten waren schlimm. Da waren Leute, die meinten, mit den Kindern der Sklaven könne es so nicht weitergehen. Nun ja, man könne sie ausbeuten – aber zu viele Kinder könnten zur Gefahr werden. Also aufgepasst, Ägypter, wir müssen uns 'was einfallen lassen!

Sprecherin 3:
Die Mutter des Neugeborenen hörte das: Bevor sie ihr böses Werk vollstrecken, so ihre Worte, werd' ich das Baby verstecken! Sagte es und ging zum Fluss hinunter, schnitt sich Gräser zurecht, flocht ein Körbchen daraus, versiegelte es mit Harz und Wachs, legte den Jungen hinein und flüsterte ihm nach – traurig und doch nicht nur: Lieber Gott, was ich hab, das geb ich dir! Sei gut zu meinem Kind! Ich muss zurückbleiben, doch du – geh mit! Da erlebte das Kind im Körbchen zum allerersten Mal: Wasser trägt – Wasser ist Leben!

Sprecherin 4:
Das Schiffchen schwamm dahin, und die Tage vergingen. Eines Morgens

kam es an einer schönen Wiese vorbei. Dort spielte die Königstochter mit ihren Freundinnen. Sie warfen sich Bälle zu und lachten. Plötzlich entdeckte eines der Mädchen im Schilf das Körbchen: Schaut, rief sie und hielt den Ball in ihren Armen – schaut, dort schwimmt 'was!

Sprecherin 3:
Und als sie das leise Weinen hörten, ging es ganz schnell. Die Mädchen fischten das schwimmende Etwas an Land, öffneten den Deckel und fanden – das Kind: Was für ein Glück, so die Mädchen, dass wir es gefunden haben! Wie leicht hätte eine Welle dem Ganzen ein Ende bereiten können! Und weil wir es gefunden haben, lasst uns dem Findling den Namen »Mose« geben!

Sprecherin 2:
Jahre vergingen. Der kleine Junge war zu einem Mann geworden. Aber noch immer quälten die Starken im Land die Schwachen – ließen sie Ziegel brennen und Vorratsstädte bauen und im heißen Ägypten die Felder bestellen, mehr als vierzehn Stunden am Tag. Und wenn sie nicht mehr konnten, machten die Aufseher ihr Leben zur völligen Hölle. Nein, so Mose, der das alles sah und hörte: Nein, so geht das nicht, ihr seid doch keine Maschinen, mit denen man tun und lassen kann, was man will! Ihr seid Menschen – Menschen wie ich! Und wie Gott mich hört, so hört er euch und kommt, euch zu befreien! Der mächtige Pharao wird seine Gefängnistore auftun müssen – und ihr werdet fortziehen, und auch die Wüste wird euch nicht daran hindern, endlich »im Land eurer Träume« endlich anzukommen! Gott will es so – fürchtet euch nicht, er hat euch einen Namen gegeben, ihr seid sein!

Sprecher 5:
Die Wüste war weit und die Torturen schrecklich. Doch am schlimmsten war – der Durst: Wenn wir leben wollen, brauchen wir Wasser, so ihre Klage zum Himmel! Und Mose sagte: Mut, Freunde – verzweifelt nicht! Nicht euren Tod will Gott, er will euer Leben! Vergesst das nie! Ich weiß noch nicht wie und ich weiß noch nicht wann – aber eine Quelle wird sich auftun! Hier in der Wüste! Und Mose nahm seinen Stab, schlug an einen Felsen – und siehe: das Wasser strömte. Mein Gott – was war da los im Lager! Sie ließen sich das Wasser über die Arme und Gesichter fließen – Genuss in vollen Zügen: Lebenswasser!

Über den Tonträger wird das Fließgeräusch eines Baches eingespielt (Musik-CD 610-5 Kontakte Musikverlag Lippstadt. In der »BilderGalerie« wird Joán Mirós »BlauProbe 1« angestrahlt. Das dauert.

Sprecherin 6:
Aber der Weg – er wollte kein Ende nehmen. Wären wir doch in Ägypten geblieben ..., so das Gemurre der Entkräfteten! Dort, beim Pharao – nun ja, wir waren Sklaven: aber wir hatten wenigstens zu essen! Aber hier?
Die Rebellion gegen Mose wurde immer stärker. Mein Gott, wie lange noch!? Dem Pharao hast du uns entkommen lassen, doch hier, in dieser Wüstenhölle, ist es zu heiß für dich? Soll es das sein, was wir begreifen sollen? Mose rang mit Gott. Er wollte es wissen. Mag sein, dass er alles verkehrt gemacht hatte – aber das wollte er wissen – wollte es wissen von Gott! Und auf einmal, Mose mochte daran schon fast nicht mehr glauben: da spiegelte sich 'was im Glanz der Sonne, gar nicht mehr so weit von ihnen entfernt! Jordan – der Fluss aus den Bergen – die Lebensader ganzer Völker – seit es ihn gibt – und nun auch für sie. »Milch und Honig – das Land der Väter und Mütter!«

Sprecher 7:
In der »BilderGalerie« wird Emil Noldes »Mann im Baum« angestrahlt, dazu über Tonträger (Musik-CD, a.a.O.) das heftige Wehen des Windes eingespielt.
Und eines Tages, Jahrhunderte waren vergangen, ging ein merkwürdiger Gesell durch die Lande – die Menschen nannten ihn einen »Propheten«. Seine Speise war wilder Honig und Heuschrecken. Eine feste Behausung hatte er nicht, er hielt sich meist im Freien auf, in der Nähe des Jordan – und seine Rede war: Lasst euch taufen! Taucht unter im Wasser – lasst sie über euch kommen, die Kräfte der Reinigung, sie in euch eindringen, die Kräfte der Erneuerung, porentief, und das Alte, immer Gleiche und zur Hoffnung nicht mehr Taugliche von euch »abwischen«! Die Hoffnung aber, lasst euch überraschen, wird in einem Glanz erstrahlen, wie es noch keines Menschen Auge je zu Gesicht bekommen hat!

Sprecherin 8:
Emil Noldes »Geburt Jesu« wird angestrahlt, über Tonträger (Musik-CD, a.a.O.) die Melodie »Es werde, es werde, hell auf der Erde« eingespielt. Das dauert einige Sekunden.

Und wenig später war sie geboren, die Hoffnung. Geboren als Mensch. Unter unsäglichen Bedingungen. Doch mit Händen und Füßen und Gesicht und Namen: Jesus von Nazareth. Mir näher, wie keiner sonst auf der Welt.
Sein Leben? Nicht darum war ihm zu tun, auf diese oder jene Weise auf sich aufmerksam zu machen und irgendwann mal groß herauszukommen. Und auch schadlos zu halten, war nicht seine Art. Darum ging es ihm – und das mit großer Beharrlichkeit und aller Konsequenz: den Tod schon mitten im Leben daran zu erinnern, dass das »letzte Wort« nicht ihm, sondern Gott und seiner unendlichen Liebe gehört, in der er auch den Letzten nicht einfach seinem Schicksal überlässt, sondern lange und längste Wege geht und »sucht, bis er sie findet«.

Sprecher 1:
Die Collage von den beiden »Wanderern am Ufer des Meeres«, von KonfirmandInnen selbst gefertigt, wird angestrahlt. Die Musikgruppe spielt in sachten Tönen Variationen zur Melodie des Liedes »Meine Hoffnung und meine Freude ...« (nach Jes. 12, Taizé)
Ich träumte eines Nachts, ich ging mit Gott am Meer entlang. Vor meinen Augen erschien mir wie in einem Film mein Leben. Etappe für Etappe. Und für jede Etappe entdeckte ich zwei Paar Schritte im Sand – die einen gehörten mir, die anderen gehörten Gott.
Doch als das letzte Bild an mir vorbeigezogen war, ging ich mit meinen Augen die Abschnitte noch mal zurück und sah, dass hier und dort und dort und hier nur ein Paar Schritte im Sand zu sehen waren – gerade dort, wo es mir schlecht ging und ich am Leben schier verzweifelte. Das verwirrte mich. Ich wandte mich an Gott und fragte: Hast du mir nicht gesagt, du würdest mich kennen und auf allen meinen Wegen mit mir sein? Doch sieh, wo ich dich am nötigsten hatte, da sehe ich nur ein Paar Schritte!
Darauf nahm Gott meine Hand: Glaub' mir, guter Freund – nie war ich fort von dir, schon gar nicht, als es dir schwer war in deinem Leben. Denn wo du nur ein Paar Schritte siehst, da bin ich dir ganz besonders nahe gewesen: da hab ich dich auf meinen Schultern getragen!

Sprecherin 2:
Ich will, dass einer mit mir geht, der's Leben kennt, der mich versteht – der mich zu allen Zeiten kann geleiten.

Ich weiß, dass einer mit mir geht, der's Leben kennt, der mich versteht – der mich zu allen Zeiten kann geleiten.
Ich nenne ihn den Jesus Christ, der durch den Tod gegangen ist – er kann zu allen Zeiten mich geleiten!

Sprecherin 3:
»Wir kommen von weit her ...« So die Überschrift über diesem Gottesdienst. Wir haben sie uns von Heinrich Böll entliehen. Kurz vor seinem Tod hat er seinem Enkelkind ein Gedicht geschenkt, in dem er das Leben eine lange, verschlungene Reise »von weit her nach weit hin« nennt. Gut zu wissen dort: ich gehe sie mit anderen zusammen! Und gut zu wissen auch das: es ist da einer, der ist auch dann da, wenn es die anderen nicht gibt!

Sprecherin 4:
Noch einmal spielt die Musikgruppe in sachten Tönen die Melodie des Liedes »Meine Hoffnung und Freude ...« an. In der »Galerie« wird eine von KonfirmandInnen gemalte Collage angestrahlt, die einen großen Wasserfall zeigt.
Taufe – das ist: mit der Quelle des Lebens auf ewig verbunden zu sein! Zu einem Menschen des Friedens sei er »geboren«, so Franz von Assisi vor 800 Jahren, als er es spürte, das Neue in ihm. Aber nicht nur er selbst sollte es spüren. Alle sollten es sehen. Die ganze Welt sollte sich ändern. Die ganze Welt – doch so, dass er das Neue nie vom anderen, sondern immer zuerst von sich selbst erwartete: Die Neugeburt der Welt, sie beginnt bei dir – deinem eigenen ersten Schritt.
Von Franziskus ist ein Gebet überliefert. Mag sein, er hat es wirklich so gesprochen. Mag sein, nur dem Sinn nach. Wer immer so spricht – es sind Worte der »Kinder des Lichts«, für die das Leben, wie es einmal sein wird, das Größte ist:
Noch einmal setzt die Umwälzpumpe im Taufstein das Quellwasser in Gang. Im Gottesdienstraum ist es nach allen Seiten gut zu hören. Dann:

»O Herr, mach mich zu einem Werkzeug deines Friedens, / dass ich liebe, wo man sich hasst, / dass ich verzeihe, wo man sich beleidigt, / dass ich verbinde, wo Streit ist, / dass ich die Wahrheit sage, wo die Lüge herrscht, / dass ich den Glauben bringe, wo der Zweifel drückt, / dass ich die Hoffnung wecke, wo Verzweiflung quält, / dass ich ein Licht anzünde, wo die Finsternis regiert! / Lass mich danach trachten, Herr, nicht dass ich getröstet werde, sondern tröste, / nicht dass ich verstanden werde, sondern verstehe, / nicht dass ich geliebt werde, sondern liebe! / Denn wer gibt, der empfängt, / wer verzeiht, dem wird verziehen, / und wer stirbt, der erwacht nur immer zu neuem Leben!«

Die Musikgruppe spielt die Melodie des Liedes »Meine Hoffnung und meine Freude …« noch einmal an und begleitet das gemeinsame Singen.

Ohne drüber nachzudenken?

Anspiel zum Glaubensbekenntnis

Stefan Claaß, Jan Rehorn

Sohn: Papa?
Vater: Ja?
Sohn: Du, ich muss im Konfirmationsunterricht grade das Glaubensbekenntnis auswendig lernen. Kannst du eigentlich das Glaubensbekenntnis auswendig?
Vater: Warum? … Also … natürlich … schließlich war ich auch mal Konfirmand. Seitdem kann ich das!
Sohn: Kannst du mir's mal aufsagen?
Vater: Klar. Ich glaube an Gott, den Vater, den Allmächtigen, den Schöpfer des Himmels und der Erde. Und an Jesus, seinen … äh … an Jesus Christus, seinen … seinen eigenen Sohn … Nee! … seinen einzigen Sohn …
Sohn: seinen eingeborenen Sohn!
Vater: Ja genau, seinen eingeborenen Sohn! Komisch, in der Kirche kann ich das immer perfekt.
Sohn: Ja, da kann ich das auch, da sagen die anderen es einem ja auch vor!
Vater: Stimmt, wenn man es gemeinsam spricht, geht es wie von selbst. Es ist doch auch ein tolles Gefühl, mit so vielen anderen Menschen zusammen seinen Glauben zu bekennen.

Sohn: Aber im Konfi-Unterricht muss es jeder einzeln aufsagen können, auswendig! So ist es wenigstens nicht so'n blödes Geleier wie im Gottesdienst!
Vater: Wiiiiie? Blödes Geleier?
Sohn: Naja, halt ohne drüber nachzudenken. Und du hast ja auch schon länger nicht mehr drüber nachgedacht, sonst könntest du's ja auswendig.
Vater: Jetzt mach aber mal halb lang! Wer ist hier der Konfirmand? Wer muss hier das Glaubensbekenntnis auswendig lernen?
Sohn: Is ja gut, ich mein ja nur, du könntest auch wieder mal drüber nachdenken, was du da jeden Sonntag aufsagst.

Vom Vergnügen an der Tradition

Anspiel zu Psalm 92,13-16

Stefan Claaß

1. Szene (während der Begrüßung)

Musikeinspielung: Titelmelodie von »Star Trek« oder »Also sprach Zarathustra«.

Außerirdischer (A) im weißen Anzug kommt von der Orgelseite. In der Hand einen Tricorder (Funkmikrophon). Mensch (M), »Sprachcomputer« (C) aus dem Off.

A: (diktiert ins Mikrophon) Sternenzeit 2786,4. Beamvorgang abgeschlossen. Commander Benkheuser vollständig auf Planet Erde materialisiert. Übersetzungscomputer aktiviert. Lageanalyse beginnt.
(steuert auf einen Menschen zu)
Verzeihung, darf ich Sie etwas fragen?

M: Aber sicher. Dafür bin ich da. Ich gehöre zum Begrüßungsdienst.
A: (zu sich) Begrüßungsdienst??? Sprachcomputer, bitte erklären!
C: (aus dem Off) Das Wort bezeichnet freundliche Kontaktaufnahme.
A: Sehr gut! (zu M) Was machen die vielen Menschen hier?
M: Wir feiern Gottesdienst! Sie wissen doch hoffentlich, was das ist? (reicht ihm ein Gesangbuch)
A: (zu sich) Sprachcomputer?!
C: Verehrungsfeier für den Geist des Ursprungs.
A: Aha, (ins Mikrophon) scheint sich hier um eine Dienstgruppe zu handeln. Alle Wörter enden mit »Dienst«. Gottesdienst, Begrüßungsdienst – (zu M) Danke für den Buchdienst!
M: Wie bitte? Ich glaube, Sie sollten nach dem Gottesdienst hinübergehen in den Gemeindesaal. Da gibt es das Sonntagscafé. Am Roten Punkt finden Sie Menschen, die Ihnen alles erklären können. Soll ich mal nachschauen, wer heute Dienst hat?
A: Nein danke, ich diene mich schon allein hin! (setzt sich)

2.Szene (zu Beginn der Predigt)

Auf der Kanzelseite steht ein Bistrotisch. Darauf steht ein großer roter Punkt. Um den Tisch stehen zwei oder drei (je nach Mitspielern) Gemeindeglieder (G). A (Außerirdischer) und C (Sprachcomputer aus dem Off).

A: Guten Tag! Sind Sie der Rote-Punkt-Dienst?
G 1: Ja, natürlich! Sind Sie etwa Gast?
G 2: Dann möchten wir, dass Sie sich hier wie zu Hause fühlen!
A: Zu Hause – wenn doch nicht so viele Galaxien dazwischen lägen.
G 3:Wie bitte? Was denn für Galaxien? Wohnen Sie nicht in XY?
G 1: Das ist doch nicht schlimm. Sie können trotzdem hier zu Hause sein!
A: Eigentlich wollte ich nur für meine Freunde zu Hause herausbekommen, warum Sie solche Verehrungsfeiern wie heute veranstalten.
G 2: Das ist keine Veranstaltung, guter Mann, das ist ein Fest.
A: Und wie oft machen Sie das?
G 3: Jeden Sonntag, das ist bei uns Tradition.
A: (zu sich) Sprachcomputer?!
C: (aus dem Off) Überlieferung, Herkommen, Brauch, Gepflogenheit.
A: (zischt) Was heißt das?

C: Weiß ich auch nicht.
A: Verzeihung, könnten Sie mir erklären, was »Tradition« ist?
G 1: Das wissen Sie nicht?
A: Nein, ehrlich gesagt nicht.
G 2: (zu G 1) Weißt du's denn?
G 1: Tradition – naja, Tradition, das ist, was man immer so macht. Zum Beispiel Gottesdienst am Sonntag feiern.
A: Sie feiern also Gottesdienst, weil man's immer so macht?
G 2: Wie Sie das sagen, klingt das ja schrecklich. Wir feiern Gottesdienst, weil wir Freude daran haben, weil es uns ein Bedürfnis ist.
A: (zu sich) Sprachcomputer?!
C: »Bedürfnis« hat mehrere, sehr verschiedene Bedeutungen.
G 3: Tradition ist etwas, was andere zwar schon vor uns getan haben, was wir aber ganz anders machen.
G 1: Genau! Wenn wir's genauso machen würden wie immer, wär's tot. Aber weil wir's anders machen als früher, ist es lebendig.
G2: Aber wir machen es genauso lebendig wie früher, darum ist es dann Tradition.
A: (zu sich) Sprachcomputer?!
C: Passe!
A: Tradition ist also etwas Altes Lebendiges?
G 3: Naja, so alt muss es nicht sein. In der Evangelischen Kirche zum Beispiel ist etwas Tradition, wenn es zum zweiten Mal passiert.
A: Wenn ich also nächsten Sonntag wiederkomme, bin ich eine Tradition?
G 1, G 2, G 3: Hoffentlich.
A (geht).
G 1: Ich glaube, wir sollten im Jugendkreis oder im Treffpunkt Gemeinde mal besprechen, was Tradition eigentlich ist.
G 2: Schwierige Fragen zu klären – das hat bei uns im Jugendkreis ...
G 1, G 2, G3: ... nämlich Tradition!

Wer war Jesus? Die Bergpredigt

Zwei Szenen für den Gottesdienst

Uwe Rieske

Szene 1: Wer war Jesus?

Julian (kommt nach vorne, Schild: Jesus – mehr als ein Mensch!)

Arne: Ey, Julian, bist du noch bei Trost? Was stehst du denn hier auf der Straße mit so'nem Schild herum?
Julian: Das ist ein Versuch; wir haben das im Konfirmationsunterricht verabredet und wollen probieren, wie die Leute reagieren!
Arne: Aber wieso denn mit Jesus? Und warum so ein blöder Spruch? Jesus mehr als ein Mensch! Seid ihr denn 'ne Sekte oder was?
Joel: Nee, na klar sind wir keine Sekte. Aber Kirche nennt sich doch nun mal nach Jesus Christus: Christliche Kirche. Da hat man sich längst dran gewöhnt. Und das bedeutet doch: Jesus war mehr als ein Mensch.
Arne: Versteh ich nicht. Jesus war doch irgendwie ein Prophet in Israel oder so. Der war doch natürlich ganz klar ein Mensch. Vielleicht etwas edler und weiser und entschiedener als andere. Aber am Ende ist er gestorben wie alle anderen auch. War doch so.
Julian: Ja, aber die Kirche feiert eben am Ostersonntag die Auferstehung Jesu. Und damit bekennt sie sich dazu, dass Jesus mehr gewesen ist als ein Mensch. Eben Gottes Sohn. Der den Menschen etwas sagte über den Willen Gottes in der Welt. Und nicht nur sagt, sondern was er den Menschen sagte, zum Beispiel in der Bergpredigt, das hat er auch in seinem Leben vorgelebt. Das war völlig im Einklang.
Arne: In der Bergpredigt? Was steht denn da drin?

Szene 2: Die Bergpredigt

Dorothee geht auf die Kanzel,

Lena, Stella und Alex stehen vorne im Kirchenraum, Malte stellt sich vor eine als »Berg« verkleidete Leiter:

Dorothee: Die Bergpredigt – von ihr war eben die Rede – stellt uns natürlich vor die Frage: Wo steht die eigentlich und was steht denn da drin? Blicken wir in das Neue Testament, so müssen wir eine Weile suchen (blättert in der Bibel vor ihr), aber dann finden wir sie im Matthäus-Evangelium, dort in den Kapiteln fünf bis sieben. Ganz schön lang. Fast fünf Bibelseiten. Also, hier steht jedenfalls am Anfang:
»Da er aber das Volk sah, ging er auf einen Berg und setzte sich; und seine Jünger traten zu ihm.« Und darauf folgt die Bergpredigt. Hey Malte, kannst du das zur Veranschaulichung mal gerade tun, wenn schon nicht auf den Berg, so doch auf die Leiter steigen und dann weiter im Text?
Malte klettert auf die Leiter.
Dorothee: »Und er tat seinen Mund auf, lehrte sie und sprach:«
Malte: »Selig sind, die da geistlich arm sind; denn das Himmelreich ist ihr.
Selig sind, die da Leid tragen, denn sie sollen getröstet werden …«
Lena, Stella wenden sich ab und wollen gehen.
Alex (ruft): Hey, das ist ja total komplett ab von allem, da laufen ja die Leute weg, was soll denn das heißen »geistlich arm« und »Himmelreich« und so. Kannst du das nicht mal auf Deutsch?
Dorothee: Malte, ich schlage vor, du wechselst mal die Übersetzung. Vielleicht hilft das.
Malte: Gut, ich fang nochmal an; andere Übersetzung, hier steht drauf: »Gute Nachricht Bibel. Die Bibel in heutigem Deutsch.«
Lena und Stella bleiben stehen und wenden sich wieder um.
Alex: Los, also. Lies mal Matthäus 5.
Malte: »Freuen dürfen sich alle, die nur noch von Gott etwas erwarten – mit Gott werden sie leben in seiner neuen Welt.
Freuen dürfen sich alle, die unter dieser heillosen Welt leiden –
Gott wird ihrem Leid ein Ende machen.
Freuen dürfen sich alle, die unterdrückt sind und auf Gewalt verzichten –
Gott wird ihnen die Erde zum Besitz geben.
Lena: Das hört sich schön an. Das finde ich okay mit der Gewaltlosigkeit. Ich finde es gut, dass Gott denen etwas verspricht, die ihr Recht nicht

brutal durchsetzen und auf Gewalt verzichten. Und dass die sich freuen sollen, die unter Unterdrückung leiden. Aber wie soll das vonstatten gehen?

Alex: Das frage ich mich auch. Ich meine, man kriegt doch nur, was man wirklich durchsetzt – oder? Und wenn man da nix hinter setzt, geht man leer aus. Finde ich jedenfalls. Wer von vornherein verzichtet, kriegt nichts ab. Ist doch logisch.

Stella: Ja, aber ich finde nicht, das die wirklich glücklich sind, die ihr Recht mit Gewalt durchsetzen. Die wollen dann immer mehr auf Kosten anderer und sind rücksichtslos und nicht glücklich. Aber lasst uns noch mal zuhören. Ich glaube, das geht noch weiter.

Malte: »Freuen dürfen sich alle, die danach hungern und dürsten,
dass sich auf der Erde Gottes gerechter Wille durchsetzt – Gott wird ihren Hunger stillen.«

Alex: »Gottes gerechter Wille« – was bitte, soll das sein? Wie sieht denn der aus?

Stella: Na eben, wie er es sagt: Dass eben alle die sich freuen werden, die auf Gewalt und Brutalität verzichten.

Lena: Das finde ich gut. Eben weil es doch alltäglich so ganz anders zugeht in der Welt. Weil alle meinen, dass sie ihr Recht mit Nachdruck und zuletzt mit Gewalt durchsetzen müssen.

Stella: Und so etwas führt am Ende doch nur zu Gegengewalt und immer neuer Gewalt.

Dorothee: Einspruch! Ruhe bitte da unten, die Rede hat gerade erst angefangen! Malte, mach weiter!

Malte: Freuen dürfen sich alle, die barmherzig sind.
Gott wird auch mit ihnen barmherzig sein.
Freuen dürfen sich alle, die im Herzen rein sind,
sie werden Gott sehen

Stella: Seht ihr, das gefällt mir gut. Nur die können doch barmherzig sein, die ein gutes Gewissen und ein reines Herz haben. Darauf kommt es an. Das entscheidet.

Lena: Ja. Und wer barmherzig ist, dem wird auch seinerseits Barmherzigkeit zuteil. Das gilt auch vor Gott.

Alex: Du meinst irgendwie so ein System von: Wer Gutes tut, dem wird auch Gutes getan? Dann tue ich das Gute ja nur mit Aussicht auf Belohnung; das kann doch nicht wirklich gut sein!

Stella: Nein, ich glaube, so ist das nicht gemeint.

Lena: Ich glaube eher, dass, wer barmherzig ist und ein reines Herz hat, dass der auch auf offene Herzen trifft und ihm dadurch viel Gutes zuteil wird, Freundlichkeit und Offenheit. Und das ist ein Geschenk Gottes. Weil Gott eben auch barmherzig ist. Manchmal sogar mit den Unbarmherzigen. Ich finde, das ist ein System von Friedfertigkeit.

Malte: »Freuen dürfen sich alle, die Frieden stiften – Gott wird sie als seine Söhne und Töchter annehmen.«

Alex: Das ist aber leichter gesagt als getan; ich finde es schwierig, friedlich zu bleiben, wenn andere unfriedlich sind. Man muss sich doch wehren. Sonst kommt man zu kurz.

Stella: Aber es gibt doch verschiedene Formen, Angriffe und Zumutungen zurückzuweisen. Es geht doch darum, friedfertig im Herzen zu bleiben. Weil das so schwer ist und uns oft gegen den Strich geht, deswegen schenkt Gott denen Freude, die sich für Frieden einsetzen, obwohl das ganz schön anstrengend und manchmal auch gefährlich ist.

Malte: Freuen dürfen sich alle, die verfolgt werden, weil sie tun, was Gott will – mit Gott werden sie leben in seiner neuen Welt.

Alex: »In seiner neuen Welt« – damit ist wahrscheinlich gemeint, was eben noch das Himmelreich war. Ist nur die Frage: Wo findet das jemals statt?

Lena: Hm, ich verstehe das so, dass Gottes neue Welt genau da anfängt, wo man Gottes Willen tut; da wird etwas spürbar von einer anderen Wirklichkeit, die das Gute will.

Stella: Das wäre dann auch eine Antwort auf die Frage, warum Jesus ganz Mensch war und doch mehr als ein Mensch. Er hat gepredigt, was wirklich menschlich ist und gut für Menschen. Aber zugleich war das ganz und gar der Wille Gottes. Der das Gute will.

Malte: Okay dann. Kann ich erst mal runterkommen?

Was spricht eigentlich noch dagegen, dass ich getauft werde?

Anspiel zu Apg 8,26-39

Christian Schwarz

Personen: Sprecher, Philippus, Bote, Finanzminister, evtl. zwei »Zugtiere«.
Material: Schriftrolle, Leiterwagen (o. Ä.)

Sprecher geht zum Mikrofon; Philippus tritt vor den Altar, Blick zur Gemeinde; Sprecher zeigt mit der Hand auf Philippus.

Sprecher:
Das ist Philippus. Philippus gehört zu den ersten Christinnen und Christen in Jerusalem. Eines Tages schickt Gott einen Boten zu Philippus.
Bote:
(tritt von der Seite her auf und bleibt vor Philippus stehen)
Philippus! Mach' dich auf den Weg! Du kennst doch die Straße, die von Jerusalem durchs Gebirge nach Gasa ans Meer hinunterführt. Einsam und verlassen ist diese Gegend. Dorthin geh!
Sprecher:
Und Philippus macht sich auf den Weg und geht ... *(Philippus geht ab).* Da kommt ein Wagen gefahren auf der Straße von Jerusalem nach Gasa. *(»Zugtiere« ziehen langsam den Wagen herein; der Finanzminister liest die Schriftrolle und bewegt dazu die Lippen)* Ein Fremder sitzt im Wagen. Er hat schon eine lange Reise hinter sich. Aus Äthiopien kommt er. In seiner Heimat ist er ein mächtiger Mann am Hof der Königin. Denn er ist Finanzminister und verwaltet das Geld des ganzen Landes. In Jerusalem war er und hat den Tempel besucht. Dort hat er eine Schriftrolle gekauft. Jetzt ist er auf der Heimreise. Der Wagen kommt nur langsam voran und der Fremde liest die Schriftrolle. Da sagt eine Stimme zu Philippus:
Bote:
Geh hin und bleib' dran an diesem Wagen!
Sprecher:
Und Philippus läuft hin und geht hinter dem Wagen her. *(Philippus nä-*

hert sich dem Wagen und folgt ihm) Der Fremde liest laut und Philippus merkt schnell: es ist die Rolle des Propheten Jesaja. Da spricht ihn Philippus an: *(Philippus tritt neben den Wagen)*

Philippus:

Kapierst du denn eigentlich, was du da liest?

Finanzminister:

Wie soll ich das verstehen, wenn mir niemand dabei hilft? Willst du dich nicht zu mir setzen und es mir erklären?

Sprecher:

Philippus steigt in den Wagen. Jetzt lesen sie gemeinsam, was da steht:

Alle:

»ER war wie ein Schaf, das man zum Schlachten bringt. Und wie ein Lamm keinen Laut von sich gibt, wenn es geschoren wird, so tat ER seinen Mund nicht auf.«

(Finanzminister lässt die Rolle sinken, schaut Philippus erstaunt an und schüttelt den Kopf)

Finanzminister:

Sag' mir doch: wer ist dieser »ER«? Meint der Prophet Jesaja damit sich selbst oder jemand anderen?

Sprecher:

(Philippus steigt in den Wagen; beide beugen sich über die Rolle). Da erklärt ihm Philippus, dass Jesus damit gemeint ist. Und er fängt an, von Jesus zu erzählen: was er gesagt und getan hat, wie er gestorben und auferstanden ist. Als sie so fahren, kommen sie an eine Wasserstelle. Da sagt der Fremde zu Philippus:

Finanzminister:

Schau, da ist Wasser! Was spricht eigentlich noch dagegen, dass ich getauft werde?

Sprecher:

Er lässt den Wagen anhalten *(»Zugtiere« halten)* und beide steigen ins Wasser. *(Finanzminister kniet nieder, Philippus legt ihm die Hände auf)* Und Philippus tauft den Finanzminister aus Äthiopien. *(Philippus verschwindet hinter dem Altar)* Als sie aus dem Wasser kommen, ist Philippus verschwunden und der Finanzminister sieht ihn nicht mehr. *(Finanzminister besteigt Wagen)* Er besteigt seinen Wagen und fährt voll Freude weiter. *(»Zugtiere« ziehen an, gehen mit dem Wagen ab; Finanzminister macht ein fröhliches Gesicht)*

Urteilt nicht voreilig

Verkündigungsspiel mit Kurzpredigt zu 1 Kor 4,1-5

Markus Beile

Ansager/in:
In der christlichen Gemeinde in Korinth geht es drunter und drüber. Was ist vorgefallen? Schauen wir hinein in die Gemeindeversammlung in Korinth (*Konfis sitzen in drei Gruppen am Tisch, heftiges Diskutieren*).
Man sieht es deutlich: Die Gemeinde ist in drei Gruppen gespalten.

Da gibt es die Anhänger des Petrus (*Schild mit »Petrus-Partei« wird hochgehoben*).
Petrus – wir kennen ihn als Jünger Jesu – ist nach dem Tod Jesu auch Missionar. Er selbst war sicher nie in Korinth. Aber seine Anhänger sind hierher gekommen. Und haben erzählt, dass Petrus manches anders sieht als Paulus. Die Petrus-Partei hält sich an das, was Petrus verkündigt. Für sie sind die Gebote wichtig. Sie sind der Meinung: Zu viel christliche Freiheit tut nicht gut. –

Dann gibt es auch die Anhänger von Apollos *(Schild mit »Apollos-Partei« wird hochgehoben)*.
Apollos lebt in Korinth. Er ist ein kluger Mann, rhetorisch geschult. Seine Anhänger sind die Gebildeten in der Gemeinde. Sie sind ein bisschen philosophisch angehaucht. –

Und schließlich gibt es auch noch die, die Paulus die Treue halten *(Schild mit »Paulus-Partei« wird hochgehoben)*.
Ja, die Getreuen des Paulus gibt es auch noch. Aber sie sind zu einer kümmerlichen Minderheit zusammengeschmolzen. Die Paulus-Partei hält daran fest, dass der Glaube erst einmal Freiheit bedeutet.

Wir sehen: Drei Parteien mit unterschiedlichen Anschauungen. Und wir können uns vorstellen, dass die Gemeindeversammlungen sehr lebhaft abgelaufen sind (lautes Gemurmel). Bitte noch einen Augenblick Ruhe, meine Damen und Herren! Aber nicht nur lebhaft sind die Gemeindeversammlungen, man kommt in der Sache nicht recht weiter, weil man sich in den Abstimmungen gegenseitig blockiert.

Stimmt die Petrus-Partei für einen Antrag … *(Anhänger der Petrus-Partei heben die Stimmzettel »Ja« hoch)* … ist meist eine der beiden anderen Parteien dagegen *(Anhänger der Paulus-Partei heben die Stimmzettel »Nein« hoch)* … oder man enthält sich *(Anhänger der Apollos-Partei heben die Stimmzettel »Enthaltung« hoch).*
Stimmt die Paulus-Partei für einen Antrag, ist es ähnlich *(Anhänger der Paulus-Partei heben die Stimmzettel »Nein« hoch, darauf die Apollos-Partei die Stimmzettel »Ja« und die Petrus-Partei die Stimmzettel »Enthaltung«).*

Der Apollos-Partei geht es auch nicht besser *(Anhänger der Apollos-Partei heben die Stimmzettel »Ja« hoch, darauf die Petrus-Partei die Stimmzettel »Nein« und die Paulus-Partei die Stimmzettel »Enthaltung«)*

Wir sehen, die Situation ist verfahren. Hinzu kommt, dass in der letzten Zeit in Korinth einige Fälle der ganz besonderen, ich möchte sagen delikaten Art, vorgefallen sind. Dazu hören wir hinein in die Versammlung: *(Lautes Gemurmel und Diskutieren; der Gemeindeleiter verschafft sich Ruhe)*

Leiter:
»Ruhe, meine Freunde, Ruhe! So kommen wir doch nicht weiter.« *(allmählich verebbt das Gespräch)*
»Dankeschön! Ihr wisst, dass wir heute einige Probleme der ganz besonderen Art zu verhandeln haben. Es sind in der letzten Zeit in unserer Gemeinde einige Dinge passiert, die viel Unruhe in unsere Gemeinde hineingebracht haben. Ihr habt es ja alle mitbekommen. Wenn Paulus wüsste, was hier los wäre …« *(wieder beginnt Gemurmel)*
»Aber bitte, aber bitte … Ich weiß: Einige von euch halten nicht viel von Paulus. Aber wenn er hier wäre, dann würde er für Ordnung sorgen, da bin ich mir sicher!« *(wieder Gemurmel)*
»Ruhe! Ruhe! Also jetzt zu den Fällen, die sich in unserer Gemeinde ereignet haben:

TOP 1: Ihr wisst alle, dass Stephanus seit Neuestem mit seiner Stiefmutter zusammenlebt.

Anhänger A der Paulus-Partei:
»Na und? Lasst ihn doch, das ist schließlich seine Privatsache.«

Anhänger A der Petrus-Partei:
»Na hör mal! Das gehört sich nicht für einen Christen.«
Anhänger A der Apollos-Partei:
»Da hat er Recht. Benehmen sollten wir uns schon. Was werden die Leute sagen?«

Leiter:
»Aber, meine Freunde, ich muss doch bitten. Diskutieren können wir doch nachher. Lasst mich doch erst einmal die Tagesordnung verlesen.

TOP 2: Wie ihr wisst, streiten Thomas und Michael wieder einmal miteinander. Jetzt hat Thomas Michael beim Richter verklagt.«

Anhänger B der Petrus-Partei:
»Ich finde, beide haben in der Gemeinde nichts mehr verloren.«
Anhänger B der Apollos-Partei:
»Ganz meine Meinung, ganz meine Meinung.«
Anhänger B der Paulus-Partei:
»Tun wir doch nicht so, als ob es unter uns nie Streit gäbe.«
Anhänger B der Apollos-Partei:
»Das ist aber doch 'was ganz anderes.«

Leiter:
TOP 3: Einige in unserer Gemeinde sind der Meinung, dass christliche Freiheit auch heißt, dass man ab und an zu einer Prostituierten gehen darf. Darüber müssen wir nachher reden!

Anhänger C der Petrus-Partei:

»Unerhört!« *(heftiges Diskutieren)*

Leiter:
»Nachher, meine Freunde, nachher!
TOP 4: Ihr wisst, dass es in letzter Zeit beim Abendmahl Ärger gegeben hat. Wir machen es ja so bei uns, dass wir vorher miteinander zu Abend essen und jeder bringt sein Essen mit. Ja: Und die, die viel mitgebracht haben, essen viel, die anderen wenig. Das gibt Ärger. Einige, aber ich will ja niemandem zu nahe treten, sind ja fast schon ein wenig betrunken, wenn es ans Abendmahl geht. Hier müssen wir eine Lösung finden. *(heftiges Diskutieren)*

Etwas leiser, meine Damen und Herren! *(gedämpfte Diskussion)* Wir sehen – eine verfahrene Situation: Drei Parteien, delikate Fälle. Man hängt fest in der christlichen Gemeinde in Korinth. Im Trubel kommt einer der Mitglieder auf eine Idee:

Anhänger C der Paulus-Partei:
»Hört mal bitte her.« *(es tritt Ruhe ein)*
»Ich hab' eine Idee. Paulus, unser Gemeindegründer, wie ihr hoffentlich noch alle wisst ... Paulus hält sich, so haben wir erfahren, in Ephesus auf. Das ist ja nur 300 Kilometer von hier, mit dem Schiff sind das 3-4 Tage. Ich finde, wir sollten ihn bitten herzukommen. Er soll uns helfen. Ohne ihn kommen wir nicht weiter.
Anhänger D der Petrus-Partei:
»Warum Paulus? Wer ist schon Paulus? Paulus hat Jesus nicht einmal gekannt. Ganz anders ist es mit Petrus. Petrus war ein Jünger Jesu.«
Anhänger D der Paulus-Partei:
»Aber was für einer. Dreimal hat er ihn verraten.«
Anhänger D der Petrus-Partei:
»Aber ich bitte dich, du willst doch nicht diese alten Geschichten wieder aufwärmen? Und außerdem: Besser ein Apostel, der Fehler macht, als gar keiner.«
Anhänger D der Paulus-Partei:
»Paulus ist auch von Jesus gesandt. Er ist auch ein Apostel. Jesus ist ihm schließlich in einer Vision erschienen.«
Anhänger D der Petrus-Partei:
»Das kann jeder erzählen.«
Anhänger E der Petrus-Partei:
»Ich mach euch einen Vorschlag. Paulus soll ruhig kommen. Wir bilden hier ein Schiedsgericht. Wir wollen ihn auf seine Aposteltauglichkeit hin prüfen. Er soll uns Rechenschaft ablegen. Besteht er die Prüfung, dann kann er uns ruhig ein paar Tipps geben, wie wir in unsere Gemeinde wieder Ruhe und Ordnung hineinbringen.«
Anhänger C der Apollos-Partei:
»Ein guter Vorschlag. Nur: Woran erkennt man einen Apostel? Wie sollen wir herausfinden, ob Paulus wirklich von Jesus berufen ist?«
Anhänger D der Apollos-Partei:
»Also wenn der mal ein richtiger Apostel ist. Wenn Paulus mit seinen

weitschweifigen Vorträgen angefangen hat, bin ich regelmäßig eingeschlafen.«

Anhänger D der Paulus-Partei:
»Du schläfst bei allem ein, was anspruchsvoll ist.«

Leiter:
»Ruhe, Ruhe, beruhigt euch doch bitte. Also ich halte das für einen guten Vorschlag, dass Paulus herkommen soll. Er soll Stellung nehmen zu unseren Fragen. Danach wollen wir entscheiden, ob wir auf ihn hören wollen. Ist jemand dagegen?

Ansager/in:

Niemand ist dagegen. So wird dieser Vorschlag angenommen. Und man schickt einen Boten zu Paulus. Es handelt sich um einen der Leute von Chloë, einem altgedienten Gemeindeglied. Dieser Bote überbringt Paulus etwa eine Woche später einen Brief und erzählt ihm von den Unruhen in Korinth. Wir können uns vorstellen, dass die Nachrichten Paulus ziemlich durcheinander bringen. Mit solch einem Tohuwabohu innerhalb kurzer Zeit hat er nicht gerechnet. Und was macht Paulus? Er reist nicht nach Korinth. Aber er schreibt einen Brief, eben unseren 1. Korintherbrief, von dem Sie Auszüge in Ihren Händen halten. Was er zu den delikaten Fällen und der Parteibildung in Korinth zu sagen hat, dazu ein anderes Mal mehr. Uns interessiert heute, warum Paulus nicht nach Korinth reist. Denn dazu schreibt Paulus etwas in unserem Predigtabschnitt. Ich lese aus dem 1. Brief von Paulus an die Korinther im 4. Kapitel die Verse 1-5. Dort schreibt Paulus (Sie können auf Ihrem Zettel mitlesen):
»Ihr seht also, wie man von uns denken muss: Wir sind Menschen, die Christus in seinen Dienst gestellt hat, um Gottes Geheimnisse zu verwalten. Von einem Verwalter verlangt man, dass er zuverlässig ist. Ob ich das bin, könnt ihr nicht beurteilen. Das kann kein menschliches Gericht. Auch ich selbst maße mir kein Urteil darüber an. Zwar ist mein Gewissen rein, aber damit bin ich noch nicht freigesprochen. Mein Richter ist der Herr. Urteilt also nicht voreilig, bevor der Herr kommt, der das Verborgene ans Licht bringen und die geheimsten Gedanken enthüllen wird. Dann wird jeder von Gott das Lob erhalten, das er verdient.«

Jetzt, wo wir die Vorgeschichte kennen, können wir die Anspielungen von Paulus zwischen den Zeilen gut verstehen. Und wir merken, wie verärgert Paulus ist:
So, so, von einem Schiedsgericht soll ich auf meine Aposteltauglichkeit hin beurteilt werden? Meine lieben Korinther: Das kann kein menschliches Gericht. Nicht einmal mir selbst steht es zu, meine Tätigkeit zu beurteilen. Deshalb lehne ich es rundweg ab, zu euch nach Korinth zu kommen. Wie wollt ihr denn beurteilen, ob ich ein richtiger Apostel bin? Einen schriftlichen Auftrag von Jesus habe ich nicht, wie sollte ich auch. Was ihr prüfen könntet, wäre: Ob ich gut reden kann, ob mein Auftreten sicher ist, ob ich an der richtigen Stelle einen netten Scherz einfließen lasse und so weiter und so fort. Aber darum geht es doch überhaupt nicht. Es geht überhaupt nicht um meine Person. Was ihr von meiner Person haltet, ist mir, mit Verlaub, schnurzpiepegal.
Ein Apostel, meine lieben Korinther, ein Apostel ist keiner, der sich selbst in den Mittelpunkt stellt. Er ist ein Bote, ein Gesandter. Vergleicht die Aufgabe eines Apostels mit der eines Verwalters oder eines Hausangestellten.
Was macht ein Hausangestellter? Einem Hausangestellten gehört das Haus nicht. Niemand erwartet von einem Hausangestellten, dass er sich groß herausputzt und gelehrte Reden hält. Ein guter Hausangestellter, das ist einer, der das Haus sauber hält, die einzelnen Gegenstände blank putzt, der darauf achtet, dass kein Staub ansetzt. Ein Hausangestellter liebt und schätzt das Haus, in dem er arbeitet. Aber es gehört ihm nicht. Er ist ein Verwalter, nicht mehr und nicht weniger. Er hat dafür zu sorgen, dass das Haus in Ordnung bleibt, nicht mehr und nicht weniger.
Ich bin nicht der Hausbesitzer. Dass sich neuerdings eine Partei unter euch nach mir nennt, das macht mich schon traurig. Ich bin doch nur ein Verwalter. Achtet nicht darauf, wie ich euch Geschichten von Jesus erzählt habe. Hört auf ihren Inhalt. Und zieht aus ihnen Schlüsse für Euer Leben. Und da habt ihr, so scheint es mir, eine Menge zu tun. Vergesst meine Person. Meine Aufgabe bei euch habe ich getan. Ich habe euch alles erzählt, was ich über Jesus und sein Leben wusste. Insofern war ich, meine ich, ein treuer Verwalter. Ich habe mir jedenfalls nichts vorzuwerfen. Jetzt müsst ihr schauen, was ihr aus dem macht, was ich euch von Je-

sus erzählt habe. Das könnt und sollt ihr alleine. Ihr seid erwachsene Menschen.
Ich habe mich einmal vor dem Hausbesitzer zu verantworten. Nur vor ihm allein. Wann das sein wird, das weiß ich selbst nicht. Das ist ein Geheimnis. Niemand weiß es. Aber ich bin sicher, er wird großzügig sein. Alles, was ich von ihm weiß, ist, dass Großzügigkeit eines seiner Hauptmerkmale ist. So habe ich auch überhaupt keine Angst. Ich mache mir um mich also keine Sorgen.
Sorgen mache ich mir um euch, liebe Korinther.

So weit Paulus. Das ist in etwa der Inhalt unseres Briefabschnittes, wenn wir das mitlesen, was zwischen den Zeilen steht. Paulus wäre aber nicht Paulus, wenn er im Brief nicht doch noch ein paar Ratschläge mitgeben würde, wie man in dem einen oder anderen Falle sich verhalten könnte, sollte, müsste. Sie finden auf Ihrem Zettel ja einiges dazu.
Schlussfrage: Wie ist es weitergegangen? Wie ist der Brief von Paulus aufgenommen worden. Allem Anschein nach nicht positiv. Es ist uns in der Bibel noch ein zweiter Brief von Paulus an die Korinther überliefert. Es ist ein Brief voller Tränen und Schmerzen, Wut und Enttäuschung. Ein Brief an eine Gemeinde, die völlig aus dem Ruder gelaufen ist. Doch das steht auf einem anderen Blatt.

Gesucht: Superkonfi

Aktion im Vorstellungsgottesdienst

Frank Menke

Vorbemerkung
Im Jahr der Sendung »Deutschland sucht den Superstar« fieberten auch viele Konfirmandinnen und Konfirmanden mit. So fanden wir schnell das Thema für den Vorstellungsgottesdienst dieses Jahres: »Pastor Menke sucht den Superkonfi«. Ein Konfirmand erstellte mit Hilfe sei-

nes Vaters auf dem PC ein Einladungsplakat, das dem Logo des Originals angelehnt war. Es gab zwei Moderatoren, 16 Kandidaten, eine Jury von vier Personen, so dass in diesem Vorstellungsgottesdienst viele Personen mitwirken konnten. Der Psalm wurde im Wechsel gesprochen, Lesung, Abkündigungen und Fürbittengebet waren verteilt. Von Vorteil war, dass die Sprechrollen der »Kandidaten« kurz waren, im Prinzip nur ein Satz.
In der Predigt wurde Bezug genommen auf die biblische Lesung »Vom verlorenen Sohn« (Lukas 15,1-3.11-32). Es war klar zu machen, dass es für Gott keinen »Superstar« bzw. »Superkonfi« gibt, sondern jeder Mensch von Gott mit seinen Gaben und Schwächen angenommen wird.
Die Antworten der Konfirmanden/innen luden die Gottesdienstbesucher zum Schmunzeln ein. Im Anschluss waren die Eltern der Konfirmanden/innen zum Kirchenkaffee eingeladen – eine Gelegenheit, auf die Konfirmandenzeit zurückzublicken und über die anstehenden Konfirmationen zu sprechen.
Benötigt werden: Ein ansprechendes Plakat, das zwischen den einzelnen Spielrunden gezeigt wird, vier großgeschriebene Schilder mit Zahlen für die Jury, ein CD-Player und natürlich die CD »We have a dream« und letztendlich Jugendliche mit Humor und Spaß am Spiel.

Aktion

Vier Runden, jeweils vier Konfirmanden/innen, eine Jury von vier Konfirmanden/innen, zwei Moderatoren.

Moderator 1: Herzlich willkommen zu diesem Gottesdienst.
Moderatorin 2: In diesem Gottesdienst wollen wir den Superkonfi präsentieren.
Moderator 1: Wir haben vier Durchgänge zu vier Themen, zu denen die Kandidaten für den Superkonfirmanden ein kurzes Votum abgeben.
Moderatorin 2: Der Konfirmand mit den meisten Stimmen, die er von unserer vierköpfigen international erfahrenen Jury erhält, kommt dann in die Endrunde.
Moderator 1: Genug erklärt. Auf geht's. Runde 1. Wir bitten die Kandidaten Nr. 1 bis 4 nach vorne.

Runde 1

Moderatorin: Warum seid ihr zum Konfirmationsunterricht gegangen?
Kandidat 1: Weil meine Eltern es so wollten!
Kandidat 2: Weil ich mich auf die Konfirmationsgeschenke freue.
Kandidat 3: Weil man sich dort mit seinen Freunden treffen kann.
Kandidat 4: Weil ich wissen möchte, woran ich glauben kann!

Moderatorin 2: Interessante Antworten. Ich bin gespannt, wie sich die Jury entschieden hat (Jury tuschelt und ein Jurymitglied hält einen Zettel mit der 4 hoch).
Moderator 1: Kandidat 4 ist eine Runde weiter. Vielen Dank.
Lied: »We have a dream« (CD kurz anspielen)

Runde 2

Moderatorin 2: Hallo, da sind wir wieder bei »Pastor Menke sucht den Superkonfi«.
Moderator 1: Ich begrüße vier neue Konfirmanden zu dem Thema »Was hat mir im Konfirmationsunterricht besonders gut gefallen.«
Moderatorin 2: »Was hat euch im Konfirmationsunterricht besonders gut gefallen?«
Kandidat 5: Dass wir nicht so viel auswendig lernen mussten.
Kandidat 6: Dass der Konfirmationsunterricht nur einmal in der Woche war.
Kandidat 7: Dass wir eine gute Gemeinschaft erfahren haben.
Kandidat 8: Dass Pastor Menke mit uns »Stadt, Land, Bibel« und »eins, zwei, ding dong« gespielt hat.

Moderator 1: Ich möchte nicht in der Haut der Jury stecken, aber da kommt ja schon die Entscheidung. Es ist die Nr. ... (Jury hält Schild mit der Nr. 7 hoch).
Moderatorin 2: Nr. 7, was für eine Überraschung. Herzlichen Glückwunsch.
Lied: »We have a dream« (kurz anspielen)

Runde 3

Moderator 1: Heute fassen wir ein heißes Eisen an. Das Thema lautet nämlich ...

Moderatorin 2: ... »Was hat mir im Konfirmationsunterricht nicht gefallen?«
Moderator 1: So begrüße ich vier neue Kandidaten für den Titel »Superkonfi«. Also, was hat euch im Konfirmationsunterricht nicht gefallen?
Kandidat 9: Dass der Konfer eine Stunde gedauert hat, eine Schulstunde, also 45 Minuten, hätte dicke gereicht.
Kandidat 10: Uuuh, das ist schwer, es gibt einiges, zum Beispiel, dass wir nur eine Konfirmandenfreizeit gemacht haben.
Kandidat 11: Mir gefiel nicht, dass die Zeit so schnell vergangen ist. Ich wäre noch gerne länger zum Konfirmationsunterricht gegangen.
Kandidat 12: Das ist klar. Mir hat nicht gefallen, dass ich nie im Tischfußball gegen Pastor Menke gewonnen habe.

Moderatorin 2: So frage ich die Jury, sind Sie zu einer Entscheidung gekommen.
Moderator 1: Ich sehe eine Nummer. Es ist die 11. Ja, es ist die 11. Eindeutig!
Lied: »We have a dream« (kurz anspielen)

Runde 4
Moderatorin 2: Heute suchen wir den letzten Kandidaten für das Finale »Pastor Menke sucht den Superkonfi«.
Moderator 1: Dazu begrüße ich die vier Kandidaten und unsere Jury, die heute nicht zu beneiden ist, denn der letzte Kandidat wird ausgesucht.
Moderatorin 2: Die Frage lautet: »Wie geht's weiter jetzt ohne Konfirmationsunterricht?«
Kandidat 13: Ohne Konfer. Langweilige Dienstag- und Donnerstagnachmittage.
Kandidat 14: Ich besuche Pastor Menke mal ab und zu am Sonntag und schau mal bei den Neuen vorbei, ob es ihnen genauso geht wie uns.
Kandidat 15: Mehr Zeit für meinen PC und mein Handy.
Kandidat 16: Jetzt stehe ich sonntags erst zum Mittagessen auf.

Moderator 1: Vielen Dank. Mein Blick geht hinüber zur Jury. Sie scheinen sich einig zu sein.
Moderatorin 2: Ja, Kandidat 14 ist der letzte Kandidat für das Finale. Herzlichen Glückwunsch.

Lied: »We have a dream« (kurz anspielen)

Finalrunde

Moderator 1: Jetzt startet das Finale. Vier Kandidaten haben es geschafft, aber nur einer davon kann »Pastor Menke's Superkonfi« werden.
Moderatorin 2: Wir begrüßen die Kandidaten Nr. 4, Nr. 7, Nr. 11, Nr. 14 ganz herzlich.
Moderator 1: Bei der Finalrunde ist es schwerer. Wir müssen einen Satz beenden, und zwar: »Wenn ich an den Konfirmationsunterricht zurückdenke, dann ....«
Moderatorin 2: Liebe Kandidaten, seid ihr bereit? Wenn ich an den Konfirmationsunterricht zurückdenke, dann ....
Kandidat 4: ... dann bin ich froh, dass ich es geschafft habe.
Kandidat 7: ... dann fallen mir viele schöne Dinge ein, wie z.B. Pastor Menke's glockenklare Stimme beim Singen.
Kandidat 11: ... dann wundere ich mich heute noch, wie schnell Pastor Menke die Bibel aufschlagen kann.
Kandidat 14: ... dann läuft es mir eiskalt den Rücken runter.
Moderator 1: So weit die Antworten unserer Kandidaten. Das wird sehr spannend. Unsere Jury steckt ihre Köpfe zusammen und ...
Moderatorin 2: ... sie wählt Kandidat 7, dem viele schöne Dinge einfallen, wenn er an den Konfirmationsunterricht denkt, zum »Superkonfi«.
(Moderatoren gratulieren, überreichen Blume und Urkunde, alle Kandidaten kommen nach vorne, nur der »Superkonfi« bleibt sitzen)
Moderator 1: Wir haben nun in einem fairen Wettbewerb den »Superkonfirmanden« gefunden.
Moderatorin 2: Aber ist es wirklich »Pastor Menke's Superkonfirmand«, das hören wir sicherlich von ihm persönlich. Aber zuerst möchten alle Kandidaten zum Superkonfi mit Ihnen gemeinsam, liebe Gemeinde, das Lied »Laudato si« singen ... (EG 515)

Liturgische Stücke und Anregungen

Psalm 27 – Hymnus der Hoffnung

Arno Schmitt

Der Herr ist mein Licht und mein Heil. Vor wem sollte ich mich fürchten?
Der Herr ist meines Lebens Kraft. Vor wem sollte mir bange sein?
Meine Widersacher und Feinde: sie würden es nicht wagen.
Und täten sie's: sie würden straucheln und ihr Ziel verfehlen.
Und verbänden sich Banden und ganze Heere: sie würden scheitern.
Denn Gott ist mein Schutz, der Herr ist mein Schirm!
Und gingen die Wogen noch so hoch: wie ein Fels ist mir Gott!
Und verschwörten sie sich zu Hunderten gegen mich: wie eine Zuflucht ist mir Gott!
Darum, Gott, bitte ich dich, dass du zu mir stehst, dich mir nicht entziehst, wenn ich dich suche!
Wenn mich mein Vater und meine Mutter verlassen: Du verlässt mich nicht, in dir bin ich geborgen, auf deine Gerechtigkeit baue ich!

Hymnus am Morgen (nach Psalm 104)

Arno Schmitt

Du Schöpfer des Lebens – der Sonne und des unendlichen Alls – der Milchstraße – des Großen Bären und des klaren Morgensterns ...
Groß ist deine Güte!
Du Schöpfer des Glühwürmchens – der Mücken und Libellen – der Falter und Rotkehlchen – der Distelfinken, Raben und Spatzen ...
Groß ist deine Güte!
Du Schöpfer der Steine – der Krumen – der Tropfen und Samen – des Weizens – der Schachtelhalme und der Tränenden Herzen ...

Groß ist deine Güte!
Du Schöpfer im Licht – im Wetter – im Wind – im Himmel und auf Erden – in den Höhen und Abgründen. Du Schöpfer der Gründe – der Moose und Flechten, der Büsche und Bäume – der Hecken und aller Kreatur ...
Groß ist deine Güte!
Du übst Geduld mit uns!
Wie sollten wir nicht geduldig sein!?
Du sorgst für uns!
Wie sollten wir nicht für andere sorgen!?
Du teilst dein Leben mit vielen!
Wie sollten wir es für uns reservieren!?
Du lässt uns in unseren Gärten wie in deinem, in unseren Häusern wie in deinem wohnen!
Wie sollten wir nicht dankbar sein!?

Psalm 139 – Textfassung von Konfirmanden

Stefan Claaß

1. Gott, du kennst mich und durchschaust mich.
2. Ich stehe auf oder sitze in der Schule, so weißt du, was in mir vorgeht.
3. Egal ob ich laufe oder arbeite, du bist immer dabei und kennst mein nächstes Ziel.
4. Jedes Wort, das ich sage, weißt du schon vorher.
5. Es gibt keine Sekunde, in der du mich nicht beschützt.
6. Dies zu wissen ist wunderbar, doch es zu begreifen ist zu schwer.
7. Gott, wie soll ich dir entgegentreten?
8. Du bist in jedem Winkel des Universums.
9. Würde ich bis in das fernste Land fortfliegen, dem Sonnenaufgang entgegen,
10. so würdest du mich umgeben.
11. Manchmal denke ich, ich wäre allein. Da zeigst du mir, dass es nicht so ist, und machst mir Mut.

12. In der tiefsten Finsternis umgibst du mich mit Licht.
13. Du hast mich geschaffen im Bauch meiner Mutter.
14. Gott, ich danke dir, dass ich lebe.
15. Du sahst mein Skelett schon früh und wusstest, ob ich gesund werde.
16. Du wusstest, dass ich geboren werde, niemand anders außer dir.
17. Prüfe mich, Gott, und lass mich nicht so viel Unrechtes tun.
18. Du leitest mich immer auf dem richtigen Weg, aber lässt mir doch die Auswahl für meinen Lebensweg.

Eingangsgebete

Dankgebet

Doris Gräb

Wir danken dir, Gott, an diesem Morgen für die schöne Konfirmandenzeit.
Du hast uns zusammengeführt, durch manche Schwierigkeiten hindurch. Wir haben in dieser Zeit von dir, Gott, gehört, und von deinem Sohn Jesus Christus, der uns den Frieden und die Liebe verkündigt hat. Wir bitten dich für diesen Gottesdienst: sei du jetzt bei uns und stärke uns in unserem Glauben und in unserer Suche nach dir.
Begleite du uns auf unserem weiteren Weg. Darum bitten wir im Namen deines Sohnes Jesus Christus. Amen.

Gebet im Abendmahlsgottesdienst am Gründonnerstag

Udo Jesberger

Gott, wieder finden wir uns in der Kirche ein. Am letzten und vorletzten Sonntag haben wir hier Konfirmation gefeiert. Heute sind wir hier, um Dank zu sagen, um Abendmahl miteinander zu feiern und auch um ein Stück Abschied zu begehen von diesem Konfi-Jahrgang.
Unsere Herzen sind noch angefüllt mit dem, was wir in diesen Tagen und Wochen erlebt und gefeiert haben: die guten Wünsche, die gesagt worden sind, die Geschenke, das Beisammensein.
Es war manchen fast zu viel für nur einen Tag.
Wir sind hier, um ein Stück davon in unseren Lebensalltag mit hineinzunehmen.
Manches werden wir bewahren, guter Gott.
Anderes möchten wir lieber vergessen und wieder loswerden.
Denn auch Belastendes wurde sichtbar und spürbar in unserem Feiern.
Alles bringen wir mit hierher von diesem Tag.
Wir wollen es bedenken und in der Ruhe dieses Abends vor dich bringen.
Lass uns aufgehoben und geborgen sein, Gott, an deinem Tisch, den du deckst mit dem Brot des Lebens und dem Kelch des Friedens. Amen.

Manchmal kann ich nicht beten

Arno Schmitt

Gott, ich möchte beten. Mit dir reden. Dir alles erzählen – was ich erlebt habe – was ich getan habe – was ich versäumt habe – was mich freut und was mich ärgert – worauf ich stolz bin und wofür ich mich schäme.
Doch manchmal, da kann ich nicht beten. Da fällt mir nichts ein. Da mag ich einfach nicht. Da sehe ich keinen Sinn drin. Da sind meine Zweifel riesengroß.

Lass mich dann einfach sein, Gott – an dich denken einfach – einfach still sein – meinen Zweifeln nachgehen – die Initiative anderen überlassen – es morgen vielleicht noch einmal probieren – und darauf setzen, Gott: den Blinden werden die Augen aufgehen und die Stummen werden zu reden beginnen!
Dass du da bist – ich glaube, hilf meinem Unglauben! Dass du mich hörst – ich halte mich an dein Wort! Dass du mich liebst – du wirst wissen, was du willst!

Manchmal brauche ich jemand

Arno Schmitt

Lieber Gott!
Manchmal brauche ich jemand, der mir sagt: Ich bin bei dir.
Manchmal brauche ich jemand, die mir sagt: Nur Mut, wir schaffen das.
Manchmal brauche ich jemand, der mir zuhört: Weil ich nicht weiß, wem ich's sagen soll.
Lieber Gott – nein, zu sehen, wie alle die anderen Dinge zu sehen sind, bist du nicht – das macht es mir mitunter schon mal ganz schön schwer. Und doch – ich weiß, du siehst mich, hörst mich, spürst mich, bist um mich wie gute Luft, wenn ich atme, und das freundliche Licht, wenn ich morgens meine Augen aufmache. Dein guter Geist schenkt mir Kraft und lässt mich's wagen. Ich bitte dich, sei mir gut und schenke mir Menschen, auf die ich mich verlassen kann!

Das Apostolische Glaubensbekenntnis, von Konfirmanden erklärt und ausgelegt

Doris Gräb

Ich glaube an Gott, den Vater, den Allmächtigen, den Schöpfer des Himmels und der Erde.
Ich glaube, dass Gott diese Welt für alle Menschen geschaffen hat: die Sterne und den Mond, die Häuser und die Flüsse, die Boote und die Felder, die Wälder und die Seen hat er für uns geschaffen. Ich glaube, dass Gott der Schöpfer ist, wie ein Architekt und Ingenieur, wie ein Künstler und Handwerker. Er ist auch der Schöpfer der Gedanken, der Musik und des Windes, des Friedens und der Liebe. Weil Gott diese Welt für alle Menschen geschaffen hat, darum finde ich mich nicht ab mit der Teilung der Menschheit in Reiche und Arme, in Wissende und Unwissende, in Weiße und Farbige.

Ich glaube an Jesus Christus, seinen eingeborenen Sohn, unseren Herrn, empfangen durch den Heiligen Geist, geboren von der Jungfrau Maria, gelitten unter Pontius Pilatus, gekreuzigt, gestorben und begraben, hinabgestiegen in das Reich des Todes, am dritten Tage auferstanden von den Toten, aufgefahren in den Himmel; er sitzt zur Rechten Gottes, des allmächtigen Vaters; von dort wird er kommen, zu richten die Lebenden und die Toten.
Ich glaube, dass mit Jesus ein neuer Geist in die Welt gekommen ist. Denn er kam, um uns zu heilen und uns zu helfen. Er kam, um gegen Ungerechtigkeit und Lüge zu kämpfen. Auf Gewalt und äußere Macht hat er dabei verzichtet. Doch weil er so liebte, musste er leiden. Aber er starb nicht umsonst und unterlag in Wahrheit nicht.
Ich glaube, dass Jesus war, was wir sein sollen: Diener und Bruder aller, die ihn brauchten.
Ich glaube, dass Jesus uns gesagt hat, was Leben heißt: anderen helfen.

Ich glaube an den Heiligen Geist, die heilige christliche Kirche, Gemeinschaft der Heiligen, Vergebung der Sünden, Auferstehung der Toten und das ewige Leben. Amen.

Ich glaube, dass der Geist Jesu dazu hilft, dass sich sogar verfeindete Menschen irgendwann als Brüder und Schwestern erkennen. Ich glaube, dass Gottes Geist Feinde ermutigt, einander zu vergeben und Frieden zu stiften und den Aufstand der Liebe gegen den Hass nie aufzugeben. Ich glaube nicht, dass Krieg und Hunger unvermeidlich sind und der Friede unerreichbar ist. Gottes Geist macht uns Mut, für ein gerechteres Leben auf dieser Erde einzutreten und daran mit zu arbeiten. Gottes Geist will uns auch die Angst vor dem Tod und vor dem Gericht nehmen.

Zur Taufe

Besinnung am Taufstein

Arno Schmitt

Wasser
Aus wie viel Wolken
Geregnet
Über die Erde!

Wasser
Aus wie viel Quellen
Geboren
Unter den Steinen!

Wasser
Gesammelt
Aus wie vielen Rinnsalen
Bächen und Flüssen!

Wasser der Taufe
In welches Leben, sag', wirst du mich führen?

Zum Abendmahl

Besinnung zum Abendmahl
Am Vorabend der Konfirmation

Rainer Starck

Auf dem Altar stehen Brot und Wein, die Gaben des Abendmahls -
Zeichen dessen, was wir zum Leben brauchen.
Blumen und Kerzen sind Hinweise auf das Fest,
das wir vor uns haben,
auf Freude, die wir uns wünschen,
auf Gemeinschaft, die uns stärkt.

Wir sind zusammengekommen,
das Abendmahl Jesu Christi zu feiern.
Er teilt sein Leben an uns aus,
wie wir in seinem Namen
Brot und Wein miteinander teilen.

Wir alle leben davon,
dass wir voneinander nehmen und einander weitergeben:
Geborgenheit und Wärme,
Freude und Sorgen,
Lachen und Weinen,
Geschichten und Lieder,
Vertrauen und Liebe.
Wir wissen, wie viel davon wir einander schuldig bleiben.

Es ist deshalb eine alte Sitte und eine gute Übung,
sich vor dem Abendmahl zu besinnen
und über sich selbst nachzudenken:
– Wofür bin ich dankbar?
– Wo habe ich versagt?
– Wen habe ich enttäuscht?
– Von wem bin ich selber enttäuscht?

Wir lassen uns einen Moment Zeit, darüber nachzudenken,
jede und jeder für sich.
– Stille –

Gütiger Gott,
wir alle haben es nötig, dass uns vergeben wird.
Wir brauchen Befreiung von dem, was uns belastet.
Wir brauchen neuen Mut,
im Sinne Jesu miteinander zu leben.
Wir bitten dich:
Verwandle unsere Sorge in Freude,
unsere Angst in Vertrauen,
unsere Enttäuschung in neue Hoffnung.
Umhülle uns mit deinem Geist, der neues Leben schafft,
heute und alle Tage unseres Lebens. Amen.

Präfation am Vorabend der Konfirmation

Rainer Starck

Wir werden nun Abendmahl feiern.
Mit Brot und *Wein / Saft von Trauben.*
Brot – das ist mehr als nur das Brot, das hier liegt.
Es ist das Wort für alles, wovon wir leben.
Und es ist ein Zeichen für Gottes Schöpfung.
Der *Wein / Kelch mit dem Saft* steht für die Freude und das Fest.
Er ist ein Zeichen für unsere Hoffnung,
dass am Ende unseres Lebens, am Ende der Geschichte
nicht das bittere Ende steht,
sondern das Fest mit Jesus, unserem Bruder,
und mit allen Menschengeschwistern.

Von dem wenigen, was es heute gibt, wird niemand satt.
Ein Bissen, ein Schluck, mehr nicht.

Das mag uns daran erinnern,
dass das Abendmahl, das wir hier feiern,
nur eine Vorspeise ist.
Ein Vorgeschmack auf das Fest im Reich Gottes,
am Ende der Tage, am Ende der Zeit.
Dort werden die Tische voll sein für jeden und jede.

Das Brot und der Kelch sagen uns:
Wer bedrückt ist, kann aufblicken.
Wer niedergeschlagen ist, kann sich aufrichten.
Wer sich verlassen fühlt, ist bei Gott aufgehoben.
Wer bei anderen unten durch ist, ist bei dem am Kreuz hoch geachtet.
Das heißt in der Sprache der Bibel:
Seht auf und erhebt euer Haupt, weil eure Rettung nahe ist.
Das meinen wir, wenn wir sagen:
Erhebet eure Herzen – wir erheben sie zum Herrn.

Dankgebet nach dem Abendmahl

Rainer Starck

So danken wir dir, unser Gott,
für das Brot des Lebens und den Kelch des Heils.
Wo du uns gibst, werden wir satt.
Wo du uns erquickst, leben wir auf .
Wo du uns entgegenkommst, da bleiben wir nicht allein.

Wir danken dir für das Leben, das wir haben,
für die Erfahrungen neuer Gemeinschaft
im Geist deines Sohnes Jesus Christus,
und für die Spuren deiner Liebe unter uns.
Dir vertrauen wir uns an, du gütiger Gott.

Und wie das Brot, das wir teilen,
zusammenkommt aus vielen Körnern,
und der Wein aus vielen Trauben,
so hoffen und beten wir,
dass die Menschen dieser Erde, deine Kinder,
zusammenfinden zu neuer Gemeinschaft
im Geist deines Sohnes Jesus Christus.
Von ihm geht die Kraft dazu aus
und eine Liebe, die von Dauer ist.

Aktion »Fürbitt-Kerzen«

Im Anschluss an Berichte aus dem Gemeindepraktikum

Udo Jesberger und Konfi-Gruppe

Die Konfirmandinnen und Konfirmanden entzünden zu jeder Bitte eine (Fürbitt-) Kerze, die sie an einem vorbereiteten Puzzle abstellen. Die Puzzleteile repräsentieren die Einsatzstellen im Praktikum.

Wir wollen beten und für die Menschen in unserer Gemeinde und anderswo Kerzen entzünden.
Guter Gott, wir danken dir für die schönen Erlebnisse und die vielen Erfahrungen der vergangenen Wochen und Monate mit diesen jungen Menschen, die unsere Gemeinde kennen gelernt haben. Wir wollen vor dir danken und für unsere Gemeinde beten und bitten.

(1) Diese Kerze soll brennen für die alten und kranken Menschen unserer Gemeinde und für die Menschen unseres Besuchsdienstkreises, die sie besuchen, damit sie wissen, dass wir an sie denken und Sie nicht so alleine sind.
Kerze wird auf Puzzleteil »Besuchsdienst« gestellt.

(2) Diese Kerze soll brennen für die pflegebedürftigen Menschen und die Mitarbeiterinnen der Ökumenischen Sozialstation, dass sie Pflege, Hilfe, Unterstützung, Liebe und Anerkennung erfahren.
Kerze wird auf Puzzleteil »Sozialstation« gestellt.

(3) Diese Kerze soll brennen für die Kinder und Erzieherinnen in unserer Kindertagesstätte, damit sie glücklich sind, sich vertragen und in ihrem Zusammensein eine schöne Zeit und gute Unterhaltung haben.
Kerze wird auf Puzzleteil »Kindertagesstätte« gestellt.

(4) Diese Kerze soll brennen für die behinderten Kinder und Jugendlichen und ihre Lehrer und Lehrerinnen in Oggersheim, damit ihnen ihr Leben Spaß macht und sie liebevoll unterrichtet und verpflegt werden können.
Kerze wird auf Puzzleteil »Diakonie 1« gestellt.

(5) Diese Kerze soll brennen für die Menschen in Bethel, dass sie sich freuen können an den Kleidern, die wir geschickt haben, und das Notwendige bekommen.
Kerze wird auf Puzzleteil »Diakonie 2« gestellt.

(6) Diese Kerze soll brennen für die Menschen in Senegal und für die Organisatoren und Organisatorinnen des Hungermarsches, damit alle Menschen dort durch unsere Hilfe besser leben können.
Kerze wird auf Puzzleteil »Hungermarsch« gestellt.

(7) Diese Kerze soll brennen für die Gruppen und Kreise unserer Gemeinde, die über den »Kanal 7« informiert und hoffentlich auch erreicht werden, damit sie über die Veranstaltungen informiert werden und ihnen ihre Arbeit und ihr Leben in unserer Gemeinde Spaß macht.
Kerze wird auf Puzzleteil »Kanal 7« gestellt.

(8) Diese Kerze soll brennen für die Menschen, die unser Gemeindezentrum und die Kindertagesstätte besuchen, und für die, die diese Häuser sauber halten und pflegen, damit wir lange darin ein- und ausgehen und sie weiterhin benutzen können.
Kerze wird auf Puzzleteil »Hausarbeiten« gestellt.

(9) Diese Kerze soll brennen für die Leute, die die vielen kirchlichen Verwaltungsarbeiten erledigen, damit alles, was organisiert wird, auch wie geplant ablaufen kann.
Kerze wird auf Puzzleteil »Kirchliche Verwaltung« gestellt.

(10) Diese Kerze soll brennen für alle, denen unsere Kirchengemeinde wichtig ist, für die, die zum Gottesdienst in die Kirche oder woanders hinkommen, für unsere ganze Gemeinde, damit sie zusammenbleibt und zusammenhält.
Kerze wird auf Puzzleteil »Gottesdienst + Kirche« gestellt.

Zehn Kerzen brennen, guter Gott, Zeichen unserer Gemeinde. Begleite unseren Weg auch weiterhin, egal wo wir ihn gehen, in welcher Gruppe auch immer. Segne unser Tun und vergib unsere Unterlassungen und Versäumnisse in diesem zu Ende gehenden und im kommenden Jahr. Amen.

Die Autorinnen und Autoren

Pfarrer Markus Beile, Immenstaad; Pfarrer Götz Brakel, Gleichen; Sup.Int. Heinz Behrends, Northeim; Pfarrer Stefan Claaß, Mainz; Pfarrer Bernd Giehl, Wiesbaden; Pfarrerin Doris Gräb, Berlin; Pfarrer Dr. Rolf Heinrich, Gelsenkirchen; Pfarrer Udo Jesberger, Mannheim; Kirsten Kötter, Frankfurt/Main; Pfarrer Frank Menke, Ratzeburg; Dipl. Rel. Päd. Beate Özer, Böhl-Iggelheim; Pfarrerin Monika Paetzholdt, Freiburg im Breisgau; Jan Rehorn, Mainz; Pfarrerin Friederike Reif, Frankeneck; Pfarrer Dr. Uwe Rieske, Aachen; Pfarrer Arno Schmitt, Mannheim; Pfarrer Dr. Christian Schwarz, Aglasterhausen; Schuldekan Rainer Starck, Pfinztal; Pfarrerin Micaela Strunk-Rohrbeck, Rahden